国家自然科学基金面上项目（71772013）资助

企业技术创新时机选择问题研究

Study on the Timing Choice of Enterprise's Technology Innovations

韩　燕 ◎ 著

图书在版编目（CIP）数据

企业技术创新时机选择问题研究/韩燕著. —北京：经济管理出版社，2018.12
ISBN 978-7-5096-6210-6

Ⅰ.①企⋯　Ⅱ.①韩⋯　Ⅲ.①企业创新—研究　Ⅳ.①F273.1

中国版本图书馆 CIP 数据核字（2018）第 282720 号

组稿编辑：申桂萍
责任编辑：申桂萍　李雪菲
责任印制：黄章平
责任校对：张晓燕

出版发行：经济管理出版社
　　　　　（北京市海淀区北蜂窝 8 号中雅大厦 A 座 11 层　100038）
网　　址：www.E-mp.com.cn
电　　话：（010）51915602
印　　刷：北京玺诚印务有限公司
经　　销：新华书店
开　　本：720mm×1000mm/16
印　　张：11.75
字　　数：203 千字
版　　次：2018 年 12 月第 1 版　2018 年 12 月第 1 次印刷
书　　号：ISBN 978-7-5096-6210-6
定　　价：58.00 元

·版权所有　翻印必究·
凡购本社图书，如有印装错误，由本社读者服务部负责调换。
联系地址：北京阜外月坛北小街 2 号
电话：（010）68022974　　邮编：100836

摘　要

中国正在致力于建设创新型国家，提高企业技术创新能力是增强综合国力的重要环节。企业是国家自主创新的主体，技术创新对于推动国家科技进步以及提升企业核心竞争力具有巨大作用，这已成为政府、学术界、实务界的共识。企业是市场经济发展的主体，在市场竞争和全球化环境中生存、发展和成长，竞争压力及由此带来的危机始终伴随着企业。企业要在激烈的市场竞争中处于主动地位，就必须顺应和引导科学技术进步，不断进行技术创新。技术创新是企业核心竞争力的基础，同时也是保持持续发展强有力的保障。技术创新对于企业来讲是一项风险性强而复杂的过程，取得技术创新上的成功会为企业带来良好声誉和经济效益，然而一旦失败则会为企业带来损失，也许这个损失会把一个正处于上升期的企业拖向死亡。

关于企业技术创新，技术本身的先进性固然重要，然而技术创新项目选择的时机正确与否，会在很大程度上影响技术创新活动的成功与否。随着互联网和信息化的发展，几乎任何信息都会通过网络传向全世界，技术机会挖掘和发现相对于其他信息的搜索，更具有客观性、溢出性和可复制性，一旦被市场发现，同处于一个市场的其他企业通常会很敏感地感知到。由于溢出效应作用，技术的传播会很快普及整个市场。经过改革开放以来市场经济的洗礼，很多成熟行业和产业已经历了优胜劣汰的过程，这让处于这个大潮中的每一个企业都认识和感知到这个机会。在这种情况下，何时开始技术创新，成了企业提高技术创新能力的重要影响因素。企业不仅需要考虑自身实力,还需要对包括政策环境、产业链、价值链、进入壁垒、营销渠道和组织架构等方面进行全面的讨论和分析,而这个决策环节还不能过于冗长,否则会让企业丧失很多市场机会。技术创新时机的选择研究,会为政府、金融机构、产业部门提供良好的建议和指导,能够促进企业技术创新能力和产业整体实力的提升,具有重要的理论意义和实践意义。

本书力图从技术创新过程的角度研究技术创新时机选择问题,分析影响企业技术创新时机选择的因素。从文献中我们分析得出,政府的政策环境、产业技术基础、进入壁垒、市场结构和环境、企业技术基础能力、营销能力和管理者因素会在整个技术创新过程中发挥着重要作用,以上因素都有可能会影响技术创新的时机选择,同时企业的行业、所有制结构会作为控制变量,影响各因素作用的发挥。

本书将技术创新过程分为两个过程,即技术实现过程和价值实现过程,也就是技术创新成果实现和技术创新成果价值实现两个过程。技术实现包括技术(知识)搜索、技术分析、组织建立、创新投入、研发及技术产品推出等环节;价值实现包括壁垒分析、市场调研和渠道分析、顾客分析及产品推广,最终让技术创新成果实现经济效益等环节。

本书通过向机械制造业、石油化工业、生物及医药业、IT行业、建筑业、食品业等行业中企业中高层管理人员发放问卷,收集企业技术创新选择时机对政策、产业、市场、进入壁垒的评估等相关数据,并进行实证研究,以建立企业技术创新时机选择因素的概念模型,在假设检验和模型验证的基础上,针对可能带来的后果提出关于政府、产业、行业、企业等方面的建议。

本书主要通过以下几个方面展开:

首先,本书系统梳理技术创新及相关条件、主体的研究,考察了技术创新市场化影响因素、新产品进入次序研究,同时分析了理论界对于机会理论的研究,梳理出本书的研究思路。

其次,基于制度理论、产业链理论、资源基础理论,探讨企业面临的政策制度环境、产业技术基础、企业技术基础能力和管理者(以下简称CEO)经济和非经济因素对技术实现环节产生的影响,构建"四因素"模型。基于"四叶苜蓿模型"(Clover Leaf Model),了解技术创新成果所面临的进入壁垒、市场结构与环境、消费者技术水平及企业营销能力对价值实现产生的影响,构建"四因素2"概念模型。

最后,考察"双四因素"模型间的关系,通过文献分析和理论推导,找出对企业技术创新时机选择产生影响的因素,借鉴国内外研究经验,为政府制定政策、产业及行业发展和企业持续发展提供参考依据。

本书采用了文献分析法、理论推导法,参考国内外相关研究的实证研究,设计了问卷,采用SPSS软件对数据进行整理和分析,得出相关结论。

通过理论研究和实证检验,本书最终得到以下主要结论:

第一,政策环境对企业技术创新时机选择的关系。当政府政策支持企业从事创新活动时,企业更愿意实现技术创新。也就是说,企业为了在特定的环境中获得持续经营,其结构及功能运作模式都应该符合制度环境对企业的需要,与环境保持一致是降低冲突、成本的好策略。如果政府鼓励技术创新,企业为了获得对环境的适应,就必须想办法去创新;反之,如果政府政策不鼓励企业创新,即便企业拥有相应的实力,他们也不愿意去选择和推动技术创新。

第二,垂直链技术成熟和稳定度与技术创新时机选择的关系。当产业上游技术相对成熟可靠时,企业更愿意选择此时进行创新。产业上游技术越成熟,越有利于企业技术创新时机的选择。

第三,进入壁垒与技术创新时机选择的关系。其中,壁垒设置、壁垒破除及壁垒价值三因素均对技术创新时机选择有影响。

第四,企业技术基础能力与企业技术创新时机呈现正相关关系。企业自身基础能力是企业技术创新时机选择的基础和出发点,其他外部因素需要通过该因素对其作用，从而影响时机的选择。

第五，实证研究还显示，CEO持股比例影响技术创新时机选择。CEO持股比例较低，意味着企业风险由CEO和众股东一起分担，此时CEO就愿意从事一些有风险的投资活动，例如技术创新。反之，CEO持股比例越高时，技术创新的风险将主要由CEO自己承担，这就降低了CEO开展技术创新的意愿。管理者特质作为精神性因素，在企业决策阶段并没有对技术创新时机产生显著影响。

第六，从行业分析角度，在我们列出的各行业中，更关注企业技术创新的是机械制造业和石油化工业，而建筑业则显示出其行业特性——并不关注技术创新。

第七，实证数据还显示，虽然许多文献普遍认为企业营销能力在技术创新产品进入市场时机问题上具有显著影响，但是在本研究中，企业营销能力对于企业技术创新时机并未有显著影响。

综合以上结论，本书认为，企业在面临技术创新时机选择的问题时，需要基于自身技术基础能力，考虑和分析企业内外部环境，其中政府政策环境、垂直产业链技术成熟度、进入壁垒设置、壁垒价值和壁垒破除及CEO持股比例等因素会直接影响企业技术创新时机的选择。

本书创新之处在于以下三个方面：

第一，目前国内对企业技术创新时机影响因素的实证研究甚少，本书在这一研究领域做了一个有益的尝试，为中国企业技术创新的研究变革打开了新的研究思路，进一步丰富和拓展了企业技术创新战略的研究方法。

以往对该领域研究较多集中于技术创新产品进入市场时机的分析，因素分析多集中在技术创新过程下游，主要基于营销角度分析。学术界将技术创新时机的研究归纳为企业技术战略范畴，往往运用规范和定性研究得出相关结论。本书则基于理论分析方法和实证研究方法，参考国内外相关测量问卷，设计了关于企业技术创新时机选择的因素间相互关系的调查问卷，用问卷调查的方式获取相关数据，使用 SPSS 软件对所获得的大样本数据（137 个企业）进行统计分析，来验证相关的假设，进而检验本书的模型，希望为今后相关的实证研究提供可参考和调研的工具及数据支持，也为政府制定科技发展战略、相关技术创新发展制度、产业结构调整和规划、企业制定相关技术战略等提供科学依据，为企业积极开展技术创新活动提供有效的决策借鉴。

第二，探索性地提出企业技术创新时机选择的理论模型。以往国内外学者多基于某个维度或某几个维度对企业技术创新影响因素进行分析，这样的好处在于可以从深度上看到问题初衷。然而，对于企业和政府，则更需要一个可以从宏观到微观、从组织结构到个人特质、从企业外部到内部、从产业链上游到下游，较为全面考虑技术创新过程的分析视角，笔者正是基于这样的考虑，试图通过研究前期大量文献阅读和分析，以及中后期的理论推导和实证分析，构建一个基于技术创新过程理论视角的研究模型，更试图指出其中的关键因素，并作深度分析，以求在深度和广度上都有创新。

第三，强调时间点选择是该研究的另一个创新之处。以往国内外学者多基于技术创新过程和结果的分析，而本书集中于对"是什么因素影响这个时间点的选择"进行分析，目前该研究多应用于金融资本市场的基金分析领域。

然而，由于研究问题的复杂性及研究经费和精力所限，尚存在有待进一步研究和深化之处。后续的研究可以从以下三个方面进行探索：

第一，改变抽样方式，扩大样本的采集范围和数量。

第二，采取实证研究和案例研究相结合的方法对该问题进行深度研究。

第三，尝试纵向比较研究。

目 录

1 绪 论 ·· 1

    1.1 研究背景 ·· 1

    1.2 研究范畴 ·· 7

        1.2.1 技术创新 ·· 7

        1.2.2 技术创新过程及时机 ······································ 9

    1.3 研究意义 ·· 10

        1.3.1 理论意义 ·· 11

        1.3.2 实践意义 ·· 13

    1.4 研究方法和技术路径 ·· 15

        1.4.1 研究方法 ·· 15

        1.4.2 技术路径 ·· 15

    1.5 研究框架 ·· 16

    1.6 研究难点及创新之处 ·· 18

    本章小结 ·· 19

2 国内外研究现状及分析 ·· 21

    2.1 技术创新 ·· 21

        2.1.1 理论演进及经济学特征 ··································· 21

            2.1.2　技术创新的主体研究 …………………………………… 24
            2.1.3　技术创新条件研究 …………………………………… 25
            2.1.4　技术创新成功与失败模型研究 ……………………… 29
        2.2　技术创新市场化影响因素研究 ………………………………… 32
            2.2.1　技术创新价值实现评价研究 ………………………… 33
            2.2.2　技术创新价值实现评价体系研究 …………………… 34
        2.3　新产品进入市场次序研究 ……………………………………… 36
            2.3.1　先动者优势的价值分析 ……………………………… 37
            2.3.2　追随者优势价值分析 ………………………………… 39
            2.3.3　进入次序战略角度价值分析 ………………………… 40
        2.4　"机会"研究 …………………………………………………… 42
            2.4.1　技术机会理论 ………………………………………… 42
            2.4.2　创新机会理论 ………………………………………… 44
            2.4.3　产品价值实现机会 …………………………………… 44
            2.4.4　市场时机理论 ………………………………………… 46
            2.4.5　创业机会理论 ………………………………………… 46
    本章小结 …………………………………………………………………… 49

3　影响技术创新成果实现因素研究 ……………………………………… 50
    3.1　政策与制度环境 ………………………………………………… 50
        3.1.1　扶持政策 ……………………………………………… 51
        3.1.2　税收制度 ……………………………………………… 52
        3.1.3　金融政策 ……………………………………………… 53
        3.1.4　专利权制度 …………………………………………… 53
    3.2　产业链技术基础 ………………………………………………… 54
        3.2.1　产业链理论 …………………………………………… 54

3.2.2　垂直链条的技术基础 …………………………………… 55

　3.3　企业资源、管理及文化水平 ……………………………………… 56

　　　3.3.1　可支配资源 ……………………………………………… 57

　　　3.3.2　组织环境和文化 ………………………………………… 58

　　　3.3.3　管理能力 ………………………………………………… 59

　3.4　企业技术基础能力 ………………………………………………… 59

　　　3.4.1　技术战略 ………………………………………………… 60

　　　3.4.2　技术搜索能力 …………………………………………… 61

　　　3.4.3　知识转移能力和研发人员素质 ………………………… 62

　3.5　管理者因素 ………………………………………………………… 64

　　　3.5.1　管理者持股比例 ………………………………………… 64

　　　3.5.2　管理者及组织架构 ……………………………………… 66

　3.6　技术创新成果实现影响因素分析 ………………………………… 67

　　　3.6.1　技术创新成果实现过程 ………………………………… 67

　　　3.6.2　影响技术创新成果实现的"四因素"概念模型 ………… 68

本章小结 …………………………………………………………………… 69

4　影响技术创新成果价值实现因素研究 …………………………… 70

　4.1　进入壁垒 …………………………………………………………… 70

　　　4.1.1　进入壁垒类型 …………………………………………… 71

　　　4.1.2　技术创新成果与获取专利权 …………………………… 72

　4.2　市场结构与环境 …………………………………………………… 75

　　　4.2.1　市场集中度 ……………………………………………… 76

　　　4.2.2　企业规模 ………………………………………………… 77

　　　4.2.3　水平企业间的技术替代作用 …………………………… 79

　4.3　营销能力 …………………………………………………………… 81

4.3.1 营销能力与技术创新成果价值实现关系研究 …………… 82
  4.3.2 消费者/终端用户因素 …………………………………… 83
  4.3.3 营销能力与企业技术创新价值实现的关联模型 ………… 85
 4.4 技术创新成果价值实现影响因素分析 ………………………… 86
  4.4.1 "四叶苜蓿模型" ………………………………………… 86
  4.4.2 影响技术创新价值实现因素概念模型 …………………… 87
 本章小结 …………………………………………………………… 88

5 研究假设与研究设计 ……………………………………………… 89

 5.1 研究命题与模型 ………………………………………………… 90
  5.1.1 研究命题 …………………………………………………… 90
  5.1.2 研究模型 …………………………………………………… 93
 5.2 研究假设 ………………………………………………………… 94
  5.2.1 政策环境因素 ……………………………………………… 94
  5.2.2 产业与市场结构和环境因素 ……………………………… 96
  5.2.3 进入壁垒因素 ……………………………………………… 97
  5.2.4 企业技术基础能力 ………………………………………… 98
  5.2.5 营销能力因素 ……………………………………………… 100
  5.2.6 管理者因素 ………………………………………………… 101
  5.2.7 控制变量 …………………………………………………… 102
 5.3 研究思路和假设总结 …………………………………………… 102
  5.3.1 研究思路总结 ……………………………………………… 102
  5.3.2 研究假设总结 ……………………………………………… 103
 本章小结 …………………………………………………………… 104

6 研究设计 105

6.1 研究变量的操作性定义及其测量方法 105
6.1.1 技术创新时机 106
6.1.2 政策环境 107
6.1.3 产业与市场结构和环境 107
6.1.4 企业技术基础能力 108
6.1.5 进入壁垒 109
6.1.6 营销能力 109
6.1.7 管理者因素 110
6.1.8 控制变量 111

6.2 问卷设计、调研和数据确定 112
6.2.1 问卷初步设计 112
6.2.2 先期实验 112
6.2.3 问卷最终形成 113

6.3 数据来源 113
6.3.1 样本规模和调查对象 114
6.3.2 问卷的发放形式与回收 114
6.3.3 分析方法 115

本章小结 116

7 数据分析及结果 117

7.1 变量的测量性质分析 117
7.1.1 企业技术创新基础能力 118
7.1.2 政策环境 120
7.1.3 产业与市场结构和环境 121

   7.1.4 进入壁垒 ·· 123
   7.1.5 企业营销能力 ·· 124
   7.1.6 管理者特质 ·· 124
   7.1.7 技术创新时机选择 ···································· 125
   7.1.8 各变量之间的测量区分效度 ······················ 125
  7.2 假设检验分析 ·· 129
   7.2.1 逻辑回归分析和相关系数 ·························· 129
   7.2.2 回归分析结果 ·· 131
  本章小结 ··· 134

8 研究结论与建议 ·· 135

  8.1 假设检验结果总结及讨论 ···································· 135
   8.1.1 假设检验结果总结 ···································· 135
   8.1.2 假设检验结果讨论 ···································· 136
  8.2 研究贡献 ·· 143
   8.2.1 理论贡献 ·· 143
   8.2.2 实践意义 ·· 145
  8.3 研究局限及研究展望 ·· 149
   8.3.1 研究局限 ·· 149
   8.3.2 研究展望 ·· 150

附 录 ··· 152

参考文献 ··· 158

1 绪 论

世界经济发展的历程已证明,技术创新是人类财富的来源,是经济快速发展的巨大动力,尤其是在以信息、生物及新材料技术为核心的新技术革命时代的今天,技术创新正快速而深刻地影响和改变着我们的社会、经济和生存方式。在目前世界经济体系中,企业无疑是创新的主要主体,新知识和新技术的生产大多都来源于企业,拥有较强技术创新能力的企业,也多成为该行业的领军者。技术创新已成为多数企业关注的焦点,同时也是企业取得持续竞争力的必要条件。

1.1 研究背景

技术创新已经上升为国家发展战略。在经济全球化和知识经济前提下,国与国之间的竞争,更多地体现为创新力的较量,而这种创新力的较量又是国家间自主技术创新能力的较量。世界各国都认识到国家只有加强技术创新能力,才能在综合国力的竞争中占一席之地。技术创新给各国经济带来了巨大的发展,推动了人类社会的进步。创新是国家立国之本,是增强国家国际竞争力的关键因素。根据美国国家科研基金会(National Science Foundation)

的报告,① 1994年，美国公司在研发方面投入的资金将近1000亿美元，到2004年则增加到1500亿美元，如果其他部门的研发（政府部门和高等学校）也包括进来的话，那么这个数字就增加到2500亿美元。1999年全美在研发方面的资金投入大约为2500亿美元，占GDP的2.79%。

技术创新是改善经济增长方式的助推器。近年来，我国经济总量跃居全球前列，工业化、市场化、城镇化和国际化进程明显加快。国家统计局发布2010年度经济数据：中国2010年GDP增长10.3%，生产总值为5.879万亿美元，中国全年GDP首次超越日本，两国GDP相差约4050亿美元，中国居美国之后，成为世界第二大经济体，我国的经济和社会发展已经进入了一个转折点和关键的发展时期，人民消费需求和产业结构面临重大调整。回顾我国经济飞速发展的这些年，中国经济总量在世界上的排名大跨步前进：2005年，中国GDP增加16.8%，超过意大利，成为世界第六大经济体；2006年，中国经济规模超过英国，成为仅次于美国、日本和德国的世界第四大经济体；2007年，中国GDP增速为13%，超过德国成为全球第三大经济体；2009年，中国GDP为4.9092万亿美元，日本为5.0675万亿美元，中国GDP与日本相差0.1583万亿美元；2010年，中国超过日本成为第二大经济体。然而我们需要冷静而客观地看待这个现实，一方面我们应该看到经济总量不断扩大，另一方面也应看到我国经济发展方式还是粗放的，增量部分主要是外需拉动的；供给层面产能增长很快，但低附加值的制造业所占比例很大。经济方式增长的不科学会对国家今后经济发展产生不良的影响。目前，我国人口基数庞大、重要资源人均占有量严重不足、生态环境十分脆弱，我国未来的发展面临着日益严峻的资源、能源和环境瓶颈。

技术创新是我国调整产业结构、促进产业升级的重要手段。"目前我国

---

① National Science Foundation, Division of Science Resources Studies, Research and Development in Industry (1994). Washington, D. C.

1 绪 论

在信息化没有完成的情况下,又面临绿色科技领域的挑战。传统产业领域,在节能减排的技术改造没有完成的情况下,就开始面临发展低碳经济的巨大压力"。① 发达国家早已开始探索和发展新的产业,这不仅给我国传统产业增强竞争力提出了新的要求,同时对在新的产业领域,如何争取新的市场空间也提出了新的要求。目前我国经济发展依然处于依靠投资和生产要素驱动的阶段,但这种增长方式受到了日益严峻的资源和环境条件的制约,产业规模扩张带来的产能过剩矛盾加剧,使我们很难再延续规模扩张性的模式。生产要素成本的上升,要求我们逐步减少对低成本比较优势的依赖。当前我国经济发展中存在的主要问题是经济增长依赖以"高消耗、高投入、高排放和低效率"为特点的粗放经营。技术创新可以影响行业和产业结构的调整与发展,促进传统产业升级,带动新兴产业形成。技术的不断创新,推动了以信息技术为代表的高新技术快速发展,带动了包括计算机在内的信息设备制造业、信息服务产业和数字信息产业等一大批新兴的产业形成和扩张。党的十七大提出了建设创新型国家的发展战略,希望通过技术创新促进产业结构升级,转变经济增长方式。国家统计局公布的 2009 年全国科技经费投入数据表明,全国研究与试验发展(R&D)经费总支出达 4616 亿元人民币,再创历史新高;研发费用总支出占国内生产总值比例为 1.54%,比上年的 1.44%有所提高。

企业是技术创新的主要载体,技术创新是企业具有持续竞争力的必要条件。当今世界全球化进程日益加速,技术的发展也日新月异,技术更新、传播和扩散的速度大大加快。综观世界各国,几乎都在采用各种方式和手段,从制度、科技发展战略、教育、技术创新政策、资金等方面,激励企业的技术创新活动。随着我国市场经济制度进一步完善,企业在生产和提供新技术及产品方面有更高要求,顾客及最终用户对于产品知识和技术含量的要求也越来越高,具有持续的技术创新能力已经成为企业在市场及产业中竞争取得胜利的决

---

① 新华网: http://news.xinhuanet.com.

定性因素。"不创新，则灭亡"（Peters，1990），创新是人类进步的永恒主题，是经济发展的推动力量。国内外大量企业案例证明，技术创新是企业形成竞争优势的有力手段，同时也是增强企业竞争力的有效途径。创新理论自从被美籍奥地利经济学家熊彼特提出以来，就越来越受到人们的重视。技术创新促进科学技术进一步向生产和市场扩散，产生良好的经济效益和社会效果；技术创新是经济增长的源泉和动力，也是提高企业竞争力、促进企业持续发展的重要途径。企业内外部环境复杂多变、竞争日益激烈、市场需求多元化，这都需要企业进行技术创新，不断的技术创新正日益成为推动企业生存与发展的不竭动力。技术是企业发展的核心竞争力，创新是企业竞争战略的关键动因。

然而，技术创新是高风险而复杂的活动。技术创新案例中成功的有很多，然而失败的案例也很多，失败的技术创新也许会让一个企业遭遇灭顶之灾。对抗风险则成为企业技术创新必须面对的任务。研究表明，美国高科技企业仅有60%的研究开发构念和设想在技术上获得成功，在技术上获得成功的案例中，又仅有30%能推向市场，而推向市场的创新或高新产品中仅有12%最终获得成功。据 Mnasfield 的研究，"技术创新开发项目的技术成功率、商业成功率和经济成功率分别为60%、30%和12%，其失败率却高达40%、70%和88%"。2000年数据显示，我国1万多个新产品开发项目中，取得成果的仅有7000多个，通过中间试验环节的有6000多个，而最终取得经济效益的新产品仅1100个，还不足10%（李晓峰，2005）。企业技术创新从研发开始，很多不确定因素会导致技术创新项目的失败，企业是一个追求经济利益最大化的组织，创新成果的研发主要是为了实现其经济价值。因此企业从事技术创新活动需要经受住风险的考验，同时也要有效避免风险的发生。

技术创新过程包括前期调研、研发组织建立、资金投入、研发、创新产品产生、产品进入市场、取得经济效益，每一阶段都会有不同的风险，对于风险规避，选择正确的技术创新时机，是企业取得技术创新成功的第一步，同时也是非常关键的一步。

1 绪 论

企业技术创新是国内外学者关注的问题，关于时机选择问题，学者多从技术战略和营销角度分析，主要围绕技术创新产品进入市场时机问题和新产品进入次序问题进行讨论。关于技术创新产品进入市场时机，很多学者将其归属于战略的范畴，着重探索市场和销售因素影响其技术创新进入市场时机；从营销学角度探讨新产品进入次序研究，是基于先动优势和后动优势分析，一些学者认为新产品进入市场主要受到市场顾客环境、企业营销能力、资源和技术等方面因素影响，企业会选择领先进入、跟随进入等不同的进入市场时机。企业在选择技术创新产品进入市场时机的风险多来自顾客认可、市场份额、竞争对手、企业营销投入及战略等，一旦选择时机失败，会导致已有的技术领先地位受到影响，同时经济效益和研发投入遭到损失。

本书将着重分析影响企业技术创新启动及开始的时机因素，关于这个问题，目前理论界探讨的人还相对较少。本书在分析前人文献的基础上，希望通过实证研究，对关于企业技术创新时机选择问题进行探索性研究。伴随资源的日益紧张，企业在有限的资源条件下，更应该把握良好时机，提高企业技术创新成功概率，避免技术创新之初的决策失误，充分考虑技术创新的条件，把握最优的时机，将企业的潜在风险止步于最初，获取良好的技术创新经济效益。因此，重视企业技术创新时机选择是规避风险的重要环节，错误的时机选择会给企业带来沉重的经济负担。

对于企业技术创新，技术本身的先进性固然重要，然而技术创新项目选择的时机正确与否，会在很大程度上影响技术创新活动的成功与否。随着互联网和信息化的发展，几乎任何信息都会通过网络传向全世界。技术机会挖掘和发现相对于其他信息的搜索，更具有客观性、溢出性和可复制性，一旦被市场发现，同处于一个市场的其他企业通常会很敏感地感知与接收到。由于溢出效应作用，技术的传播会很快普及整个市场。经过改革开放40年来市场经济的洗礼，很多成熟行业和产业已经通过优胜劣汰的过程，处于这个大潮中的每一个企业都会认识和感知到这个机会。在这种情况下，何时开始技术创新，成了企业提高技术创新能力的重点。企业不仅需要考虑自身实力，还需要对包括政策环境、产业链、价值链、进入壁垒、营销渠道和组织架构等方面进行全面的讨论和分析，而这个决策环节还不能过于冗长，否则会让企业丧失很多市场机会。技术创新时机的选择研究，会为政府、金融机构、产业部门提供良好的建议和指导，对促进企业技术创新能力和产业整体实力的提高，具有重要的理论意义和实践意义。基于这种认识，本书力图从技术创新过程的角度研究技术创新时机选择问题，分析影响企业技术创新时机选择的因素。

注重技术创新时机选择有利于企业减少损失。技术创新项目投入的资源随时间成倍增长，决策的正确性对企业来讲至关重要。企业会因为国家政策、产业环境、自身实力及市场结构等因素影响选择技术创新的时机。企业如何在适当的时候，使各方面条件达到适配的效果，四个方面要达到一个什么样的水平，或者说发展到什么地步，企业着手技术创新更好？我们知道，企业技术创新需要的是资金、人力等方面资源的倾斜，企业要技术创新，如果在错误的时间做出了错误的决定，那么企业将处于非常不利的地位。熊彼特技术创新"S"形发展趋势中描述，技术创新投入是一个曲线上升的过程，随着过程的进入，投入也越来越多（见图1-1），因此正确的决策是企业技术创新成败的关键而非基础的环节。

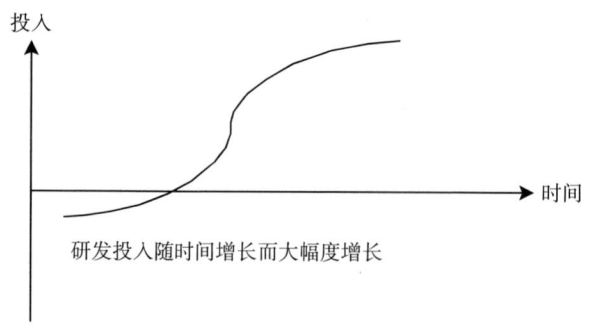

图 1-1 研发投入随技术创新过程发展趋势图

资料来源：笔者根据文献整理。

1.2 研究范畴

任何研究都应始于研究对象内涵及范畴本身。本书主要研究的是什么因素决定了企业选择了正确的技术创新时机。因此，首先需要对技术创新、技术创新过程及时机进行概念阐述。

1.2.1 技术创新

随着1911年美籍奥地利经济学家约瑟夫·阿罗斯·熊彼特（Joseph. A. Schumptor）提出创新理论以来，技术创新的概念在不断演进，理论界对于技术创新概念的界定尚未形成较为公认的说法。国外学者对于技术创新的研究和争论多集中于以下三个方面，[①] 即"技术"的界定；技术变动的程度限定，也就是什么程度的变动可以成为技术创新；技术创新成果的标准。国内外学者赋予技术创新不同的内涵。归纳起来，主要有以下三种观点：

第一，将技术创新看作是科学技术或发明的商业应用。其核心含义在于科技发明的市场价值，即一项技术创新可以看作对科技发明的商业或社会应用。

第二，把技术创新看成是由新构念到形成生产力并成功地进入市场的系列过程。这种观点认为技术创新包括科研的发现、研发到创新成果引入市场、商业化及扩散等全部过程，它包括从最初的发现，直到最后商业化的成功。

第三，把技术创新理解为"技术、经济与社会"的有机结合。主要以20世纪80年代美国经济学家罗默（Romer，1986）提出的"新经济增长理论"

[①] 傅家骥：《技术创新学》，清华大学出版社1998年版。

为代表。罗默明确提出创新技术是经济发展的内在动力，并进一步提出技术进步的决定力量在很大程度上是经济的，而非外在变量。索洛（R. Solow）用"总量生产函数"的方法对技术变迁在经济增长中的贡献作了定量分析，他的这个观点也成为技术创新理论发展的里程碑，他首次提出技术创新成立的两个条件，即技术创新思想的来源及实施阶段后的发展。

本书强调技术创新是一个过程，从创新思想的诞生、研发、产品设计、试验直到市场化和带来商业效应的系列过程，强调企业以增强自主创新能力、提高经济效益和培养新的经济增长点为主要目的，以新产生的技术思维和设想为起点，并以新技术开发产品商业化并取得经济效益为重点。本书将技术创新过程描述为技术实现和价值实现过程。

国内外学者对于"技术"的概念有不同解释。部分学者从专利角度入手定义"技术"，比如海伦娜（Helleiner）从专利的角度定义"技术"，她认为"技术不仅包括法律认可的专利和商标，同时也包括无法专利化的技术或者是未经专利化的专有技术知识等，同时还包括熟练劳动内含的技术和有形商品内含的技术"。沈达明和冯大同在《技术转让与工业产权》一书中将技术分为两类：一类是有工业产权的技术，如专利、商标、外形设计等，这类技术受有关国家的工业产权法所保护；另一类是无工业产权的技术，主要是指技术诀窍。"技术诀窍（Know-how）的内容一般包括图纸（Drawing）、设计方案（Design）、技术说明书（Instructions）、技术示范（Show-how）和具体指导（How-to）"。Tihanyi 和 Roath 认为技术的形式可以是有形的实体，比如设备、最终产品的零部件；相反它也可能是一些信息，比如专利、技巧或商业秘密，也可能是实体和技术知识的结合体。

本书强调技术创新中"技术"是新的技术，并第一次市场化应用，与组织创新（Organizational Innovation）和制度创新（Institutional Innovation）相区别，非技术性的创新活动则不能列入技术创新的范畴。

本书所阐释的技术创新是一种企业微观层面定义，具有更为宽泛的内涵，主要指企业利用现有的科技成果所从事的以自己为主导的、具有自主知识产权的产业化经济行为。根据此定义，比如企业参与了由国家投资和组织进行的创新（如歼-10飞机开发）就不属于企业内生创新（于建原、陈锟和李清政，2007）。

1.2.2 技术创新过程及时机

1.2.2.1 技术创新过程

企业技术创新是一个复杂过程（如图1-2所示），需要投入大量的人力资源、组织资源、技术资源和财务资源。

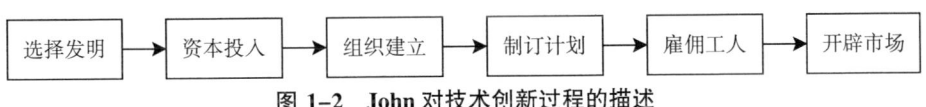

图1-2 John对技术创新过程的描述

资料来源：John, L. E. 1962. Invention and Innovation in the Petroleum Refining Industry'. Universities-National Bureau.

1.2.2.2 技术创新时机

在技术创新领域对于"时机"的研究，多从技术创新产品推出市场的时机角度分析，把其归结于战略领域的问题（Robert A. B.，2004）。西方学者（Porter，1985）通过情景分析的方法，从先驱者角度分析了先发者带来的优势和劣势。也有学者指出先驱者通过独占权和控制专有资源，依托专利和商业秘密等手段，控制先驱者的利益。

本书将"技术创新时机调研及分析"阶段和"研究、投入生产"期间称为"技术创新时机选择"阶段，从技术创新过程（见图1-3）来分析，即企业在这个阶段需要考虑和定夺的是该技术项目是否与企业既有技术基础相匹配，技术本身是否具有技术潜力，政府各项政策是否支持该技术创新项目发展，技术所属产业技术基础是否能支持该项技术项目，企业是否有能力将技术创新产品推出市场、推出市场后是否能带来经济效益。

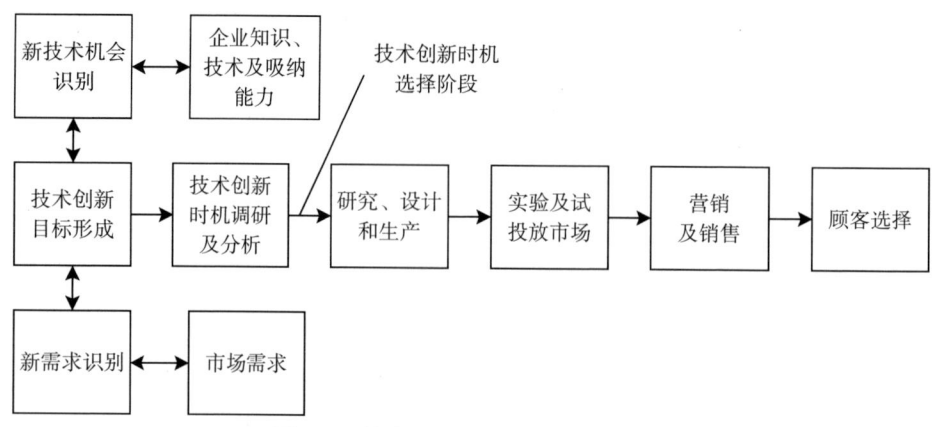

图 1-3　技术创新时机选择阶段示意图

资料来源：仲伟俊、梅姝娥：《企业技术创新管理理论与方法》，科学出版社 2009 年版。

在管理学和经济学其他领域，国内外学者对于"机会"和"时机"的研究出现了以下几种思想：从营销学视角的"机会理论"，基于企业家精神视角的"创业机会理论"，基于行为公司金融理论视角的"市场时机理论"，基于经济学的"技术机会理论"和基于市场、资源、科技进步等方面重新组合而形成的"创新机会理论"学派。学者们在机会分析时（Ardichvili, Cardozo and Ray, 2003; Foss and Foss, 2008）多基于企业家视角，从主体特征入手，分析主观条件对于技术创新时机选择的影响。

本书不仅关注创新机会的挖掘和把握，同时更关注"具有影响时间性的客观条件"。

1.3　研究意义

本书的理论意义和实践意义如下：

1.3.1 理论意义

第一，基于制度视角、产业视角和企业视角等方面，分析企业技术创新时机问题，丰富和拓展技术创新时机理论的研究领域和视角。随着全球化趋势的日益显著，技术创新对于国家、产业及行业的社会经济生活影响呈现出显著和巨大的影响，理论界对技术创新的研究也不断加深，学者们沿着熊彼特对于"创新"的理解，分别从技术经济和制度两个方向对理论进行不断深化和扩展；技术经济方向中，技术创新被纳入了战略管理的范畴；制度研究方向中，技术创新理论则为国家创新体系建设理论的出现奠定了基础。本书主要研究企业作为技术创新主体，在国家和产业层面、技术属性及企业自身中存在什么因素，影响了技术创新的时机选择。该问题是技术创新理论微观领域企业层面的命题，而它也涵盖了创新理论在制度领域和区域及产业领域的研究范畴。本书希望基于前人丰富的文献，尤其基于技术创新理论和机会理论，充分认识技术创新理论在企业层面的应用，同时进一步拓展企业技术创新机会理论在制度视角、产业视角和企业视角的研究。

第二，扩展机会理论的研究视角。时机与机会相似，研究侧重点也有差异。目前学术界大多集中在对机会的识别、挖掘和价值评价上，基于"非理性人"的角度研究，偏重于以主体视角去发掘。本书基于前人对"机会"在经济学、资源基础论、营销学、行为金融学等不同视角研究的分析和总结后，提出"时机"选择的概念。全书在基于研究主体因素的条件下，更注重分析企业内、外部资源，政策制度环境、产业环境、进入壁垒、技术基础及企业内部管理者特质，从战略决策和外部环境等客观因素对企业技术创新时机的影响因素进行分析。

第三，试图依托"适配"思想，将影响企业技术创新时机的因素进行分析，最终纳入本书理论模型中，并丰富技术创新研究视角。Van De Ven (1979) 最早提出适配概念，它源于种群生态学的模型和情境理论，指协调一致或互相搭配,"适配理论认为一个系统之所以能稳定地存在,是因为系统内外部各因素之间达成了互相适配的状态",该理论多应用在人力资源和战略两个研究领域。国内学者苏敬勤和崔淼(2010)将其理论依据应用到技术创新与管理创新的关系的案例研究中。本书将依托以往研究基础,进一步通过实证分析方法,丰富和验证适配理论与技术创新研究视角的科学性。

本书中,技术创新时机的选择是一个时间点上的选择,即是什么因素影响了企业技术创新的时间点。以往学者从不同的视角和领域多层面、多角度和深层次地分析对技术创新各阶段的影响,但对于这个时间点的选取的影响分析还不多。我们将企业技术创新活动看作是一个系统工程,企业作为主体,很多因素会通过企业而对时机选择发生作用,这些因素包括政策环境、产业环境、进入壁垒、技术基础能力及管理者经济因素等,这些将影响企业技术创新时机的选择。

第四,丰富了企业战略理论的研究视角。关键节点的技术创新时机选择,应该基于环境的复杂性,仅从外部环境分析企业的技术发展会有局限性,因此网络优势理论提出了基于企业内部分析的战略思想,强调战略的动态变化。企业的技术创新活动是一个复杂并牵扯许多部门和环节的活动,企业对于技术创新活动的态度能反映其战略思想,或者说技术战略的思想,因此企业在制定技术战略思想的时候,需要给予环境适应范式,将技术创新时机的决策过程放眼于自身基础能力、环境变化和波动程度的适配,从而使企业技术创新时机的选择是基于各方考虑的一个科学决定。

第五,通过实证研究的方法,构建企业技术创新时机选择的影响因素概念模型。以往学术界对于相关问题的研究,多从某个因素入手,或从某几个因素入手,通过博弈分析、实物期权、规范研究和实证数据的手段进行分析,本文试图在前人分析的角度和模型基础之上,基于技术创新过程理论分析,通过实证数据、调研及统计分析的方法,对影响企业技术创新时机选择的因素进行实证检验和分析之后，建立一个理论模型。

1.3.2 实践意义

本书的实践意义主要有以下方面：

第一，政府政策支持是企业技术创新的条件，同时也是助推器。在高新技术飞速发展的今天，需要企业不断进行技术创新以适应变化的环境。政府是企业的最大环境和背景，当前世界各国政府都在采取一系列的激励措施，来促进企业的技术创新。政府应该通过政府财政、减免税收等政策，来影响企业技术创新的内部诱因，从而改善企业的外部环境，鼓励企业及时、有效地进行原始技术创新。2002~2005年，美国正是通过加大财政投入和税收优惠等政策导向，鼓励企业进行技术创新，因此美国这三年GDP实际年增长率平均为3%，明显高于其他发达国家2.3%的平均增长率。同样，日本政府正是通过创新的企业技术金融体系，先后建立了完善的金融体制，以利率限制、业务限制及国内外金融资本市场的分离等政策为主，以间接融资优势为辅助，建立限制性金融制度，于20世纪七八十年代迅速抓住了经济发展的机会。因此，我国各级政府应该探索出适合的金融、税制、资金等政策，为企业创造良好的、适合技术创新的环境，这样会促进企业技术创新的发展。

第二，国家政策制度建设与技术创新水平具有相互促进的作用。我国经济发展要坚持走具有中国特色的工业化道路，促进经济增长应该由依靠投资、出口拉动、资源消耗向依靠科技进步、劳动者素质提高、产业结构调整转变，而这些转变都需要全面提高我国创新能力，特别是企业技术创新的能力。各级政府、科研机构企业已经对我国鼓励企业技术创新的政策和战略有了共识，普遍认为提高企业技术创新的整体实力，在提高产业竞争力和国家经济竞争力方面有着重要的作用。技术创新理论的研究有利于政府制度的不断调整和完善，更有利于技术创新的发展。诱致性制度变迁理论中提及，应将技术创新和制度创新整合在一个相互作用的逻辑框架中，他们认为制度因素会影响企业技术创新，会为技术创新带来新的知识，而技术的发展轨迹也会对制度的发展产生影响，国家对于技术创新方面的政策建设也是在技术创新水平不断提高和发展的基础上不断完善的。

第三，整个产业技术创新氛围和能力会成为企业技术创新的加速器，一个关键企业节点创新速度的加快会在产业内创造迭代效应，提高整个产业的技术创新速度。若产业链中的某个技术环节非常成熟，那么必然会促进下一个环节的技术加速创新，那么它必然会要求上下游的企业能提供符合其技术发展和创新要求的设备、原材料、零部件及模块，所以应构建产业内促进技术创新的技术基础设施建设，以加速产业内技术创新整体实力提高的速度。技术基础设施能更直接地为企业技术创新服务，为企业进行技术研发构筑产业内的"技术平台"，同时应该鼓励产业内中小企业技术创新。产业内，国有大中型企业是我国技术创新的主体，目前我国政府应该充分发挥中小企业的技术创新的积极性，在法律和政策上保护和鼓励中小企业通过技术创新来壮大实力。调整产业发展结构和方向，应该是目前提高产业竞争力的重要方法。

第四，企业技术创新时机选择问题研究对提高企业技术创新能力有着重要的作用。企业技术创新并不是一个简单的线性过程，而是若干个节点、因素和过程交互和联系的过程，仅依靠扩大创新投入无法解决目前我国技术创新能力整体偏低的问题，那么我们需要进一步分析在创新过程中，关键节点和环节的重要作用，特别是技术创新时机选择。以往研究多偏重于对企业自身营销能力和市场销售能力的挖掘，然而当今企业技术创新时机选择应该多关注政府、产业、进入壁垒与企业技术基础能力、管理者因素等方面的适配效应，关注点的不同会影响企业开始技术创新活动的时间和契机。

第五，技术创新时机的选择有助于企业合理配置和整合资源。要提高技术创新的成功率，进入时机选择是其中的核心问题之一。因为技术创新有其自身的特色，即以技术为基点，因此在技术这个市场，领先进入是否具有优势、是否合乎时宜是一个非常重要的问题。技术创新时机把握得当，不仅有利于企业技术创新进程，而且也能减少不必要的损失，使企业合理配置和整合内外部资源，增强企业技术创新的可行性和适用性，在根本上增强企业的持续竞争力。

1.4 研究方法和技术路径

1.4.1 研究方法

本书主要研究企业内生技术创新时机选择影响因素。为了展开本书的研究，达到预期的研究目标，本书拟采取文献研究法、问卷调查法和实证统计分析，结合中国企业的实际创新背景，选取研究样本和数据进行假设检验。具体如下：

第一，文献研究法和理论推导法。通过文献检索、阅读、整理和分析，深入了解国内外对于企业技术创新时机选择的研究现状、研究方法，同时基于经济学、管理学等基础理论，对技术创新理论进行理论分析和推导，以此为基础形成具体的研究思路、概念模型和研究假设。

第二，调查研究与实证检验。借鉴国内外学者相关研究方法和测量工具，设计问卷。对国内外企业发放问卷并收回问卷，运营描述性分析、相关性分析、因子分析和回归分析等方法，在文献阅读和整理的基础上，采用SPSS统计分析工具，对数据进行整理，得出结果后对结论进行进一步分析。

1.4.2 技术路径

本书将基于对文献整理、分析和研究，通过理论推导提出研究假设，通过企业调研、问卷设计和数据采集等手段，利用 SPSS 软件对数据进行整理，最后得出结论（见图 1-4）。

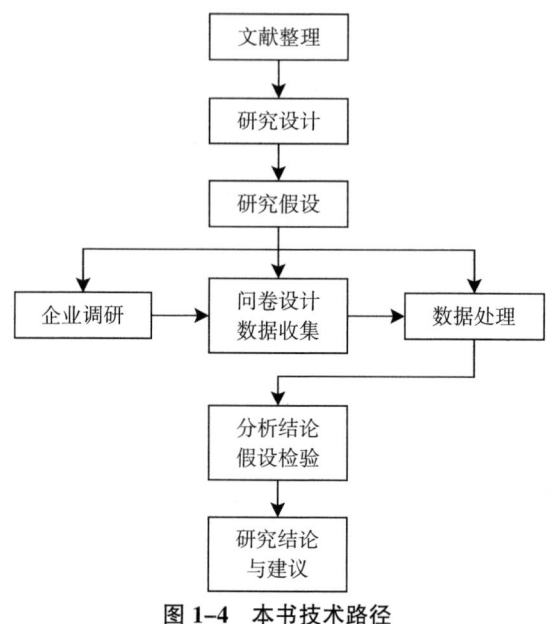

图 1-4　本书技术路径

1.5　研究框架

笔者针对本书的核心命题和研究方法，在对国内外相关文献进行系统梳理之后，结合我国企业的实际情况，提出了本书的概念模型和研究假设。本书遵循从规范的实证研究方法对研究假设进行验证，对数据统计处理的结果进行分析和讨论，得出影响企业技术创新时机的相关因素（见图 1-5）。

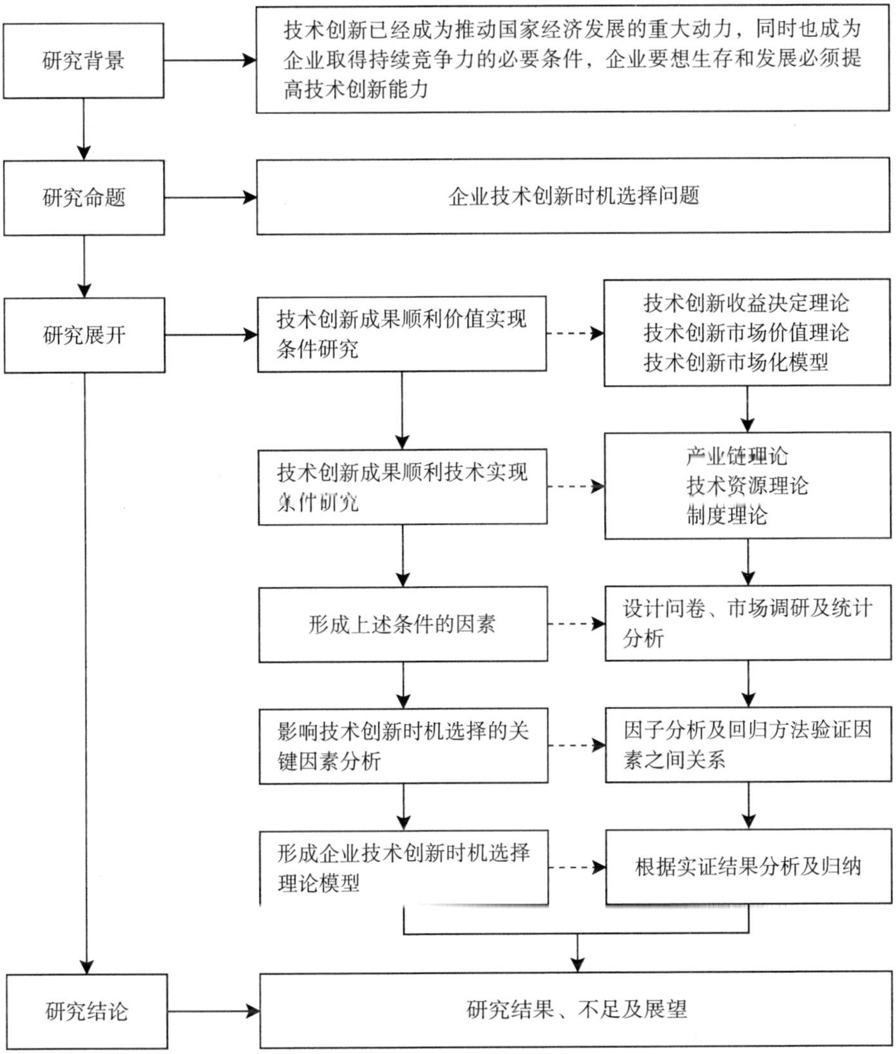

1 绪 论

```
┌──────────┐      ┌────────────────────────────────────────────┐
│ 研究背景 │─────▶│ 技术创新已经成为推动国家经济发展的重大动力，同时也成为 │
└──────────┘      │ 企业取得持续竞争力的必要条件，企业要想生存和发展必须提 │
     │            │ 高技术创新能力                                           │
     ▼            └────────────────────────────────────────────┘
┌──────────┐      ┌────────────────────────────────────────────┐
│ 研究命题 │─────▶│            企业技术创新时机选择问题            │
└──────────┘      └────────────────────────────────────────────┘
     │
     ▼
┌──────────┐      ┌──────────────────┐      ┌──────────────────┐
│ 研究展开 │─────▶│ 技术创新成果顺利价值实现 │─ ─ ▶│ 技术创新收益决定理论 │
│          │      │ 条件研究             │      │ 技术创新市场价值理论 │
└──────────┘      └──────────────────┘      │ 技术创新市场化模型   │
                           │                  └──────────────────┘
                           ▼
                  ┌──────────────────┐      ┌──────────────────┐
                  │ 技术创新成果顺利技术实现 │─ ─ ▶│ 产业链理论           │
                  │ 条件研究             │      │ 技术资源理论         │
                  └──────────────────┘      │ 制度理论             │
                           │                  └──────────────────┘
                           ▼
                  ┌──────────────────┐      ┌──────────────────┐
                  │ 形成上述条件的因素   │─ ─ ▶│ 设计问卷、市场调研及统计 │
                  │                    │      │ 分析                 │
                  └──────────────────┘      └──────────────────┘
                           │
                           ▼
                  ┌──────────────────┐      ┌──────────────────┐
                  │ 影响技术创新时机选择的关 │─ ─ ▶│ 因子分析及回归方法验证因 │
                  │ 键因素分析           │      │ 素之间关系           │
                  └──────────────────┘      └──────────────────┘
                           │
                           ▼
                  ┌──────────────────┐      ┌──────────────────┐
                  │ 形成企业技术创新时机选择 │─ ─ ▶│ 根据实证结果分析及归纳 │
                  │ 理论模型             │      │                      │
                  └──────────────────┘      └──────────────────┘
     │                                                 │
     ▼                                                 ▼
┌──────────┐      ┌────────────────────────────────────────────┐
│ 研究结论 │─────▶│            研究结果、不足及展望                │
└──────────┘      └────────────────────────────────────────────┘
```

图 1-5 本书研究框架

1.6 研究难点及创新之处

本书的艰难之处主要在于影响技术创新的因素众多,从中选择对技术创新时机选择具有影响的重要因素较为艰难。目前理论界对于技术创新的研究有各种不同的维度和视角,有的从基于企业性质入手研究技术创新,也有的基于企业规模入手研究技术创新。同时,影响技术创新因素也有各种不同的维度和视角,主要集中于技术创新的影响因素、技术创新能力影响因素、技术创新绩效因素、技术创新战略选择因素、技术创新软性影响因素和技术创新环境影响因素等。从中可以看出,各种因素纷繁复杂,各种研究角度也有交叉,如何将这些因素归类,并一一分析后,通过理论推导建立初步的企业技术创新时机选择因素模型,同时达到因素选择与问题相关而不面面俱到,这是对笔者在理论推导方面的重大挑战。

本书的创新之处在于以下三个方面:

第一,目前,国内对企业技术创新时机影响因素的实证研究甚少,本书在这一研究领域做了一个有益的尝试,为中国企业技术创新的研究变革打开了新的研究思路,进一步丰富和拓展了企业技术创新战略的研究方法。

以往对该领域的研究较多集中于技术创新产品进入市场时机的分析,因素分析多集中在技术创新过程下游,因此主要基于营销角度分析。学术界将技术创新时机的研究归纳为企业技术战略范畴,往往运用规范和定性研究得出相关结论。本书则基于理论分析方法和实证研究方法,参考国内外相关测量问卷,设计了关于企业技术创新时机选择的因素间相互关系的调查问卷,用问卷调查的方式获取相关数据,使用 SPSS 软件对所获得的大样本数据(137 个企业)进行统计分析,来验证相关的假设,进而检验本书的模型,希望为今后相关的实证研究提供可参考和调研的工具及数据支持,也为政府制定科技发展战略、相关技术创新发展制度、产业结构调整和规划、企业制定相关技术战略等提供科学的依据,为企业积极开展技术创新活动提供有效的决策借鉴。

第二,尝试探索性地提出企业技术创新时机选择的理论模型。以往国内外学者多基于某个维度或某几个维度对企业技术创新影响因素进行分析,这样的好处在于可以从深度上达到问题初衷,然而企业和政府更需要一个可以从宏观到微观、从组织结构到个人特质、从企业外部到内部、从产业链上游到下游,较为全面考虑技术创新过程的分析视角。笔者正是基于这样的考虑,试图通过前期大量的文献阅读和分析,以及中后期的理论推导和实证分析,构建一个基于技术创新过程理论视角的研究模型,更试图指出其中的关键因素,并作深度分析,以求在深度和广度上都有创新。

第三,强调时间点选择是该研究的另一个创新之处。以往国内外学者多基于技术创新过程和结果的分析,而本书集中于对"是什么因素影响这个时间点的选择"进行分析,目前该研究多应用于金融资本市场的基金分析领域。

本章小结

本章是绪论部分,概述性介绍了本书的基本内容。

第一,介绍了本书的研究背景、理论及实践意义。技术创新时机理论是技术创新研究领域的研究重点之一。中外学者基于战略角度和营销学角度等方向对技术创新时机提出了相关因素的研究,通过实证研究方法,对影响企业技术创新开始的时机因素进行研究,是一个有益的尝试。

第二，阐述了本书的研究重点和研究命题。通过文献分析和国内外学者的实践，结合中国目前的政策、产业、行业、市场及企业视角，基于技术创新理论、制度理论、产业链理论及市场结构理论，结合技术创新过程理论和对中国企业的相关数据，采取问卷及实证检验的方法，探索影响企业技术创新时机选择因素模型。

第三，对研究范畴和概念进行阐述和定义。

第四，简要介绍了本书的研究方法、研究路径、研究框架及论文创新点。为后续的文献分析和实证研究展开奠定了基础。

2 国内外研究现状及分析

2.1 技术创新

2.1.1 理论演进及经济学特征

1911年"创新"作为学术概念和理论体系,由熊彼特(Joseph. A. Schumpter)最早提出,[①] 在书中他用创新理论来解释经济周期和经济增长问题,这本著作在1934年被翻译为英文版时,首次使用了"Innovation"一词。熊彼特首次提出创新是一个过程的观点,随后陆续出版的《经济周期》和《资本主义、社会主义和民主》,形成了熊彼特式的完善的创新理论体系。

熊彼特的"创新理论"认为,创新不仅包括技术变化创新,同时也包括非技术变化的组织创新,在理论中他肯定了企业家的个体精神,正是这种冒险精神会影响企业技术创新。熊彼特在此方面的观点可以归纳为以下三个方面:

第一,技术创新的主体研究。企业家是技术创新的主体,通常企业家应

[①] 熊彼特:《经济发展理论——对于利润、资本、信贷、利息和经济周期的考察》,何畏等译,商务出版社2000年版。

该具备三个特质，即能发现市场潜在机会、具有冒险精神、善于运用社会及组织资源，最终为企业获取利润。

第二，创新活动内涵研究。创新活动包括五个方面，其定义是企业家能独出心裁发现并使用新方式，并将其运用到企业生产和运营活动中。具体来讲创新活动主要包括介绍新产品、新生产方法、开辟新市场、开发新原料来源以及最终建立新兴市场。以上这五个方面的创新活动，均可使企业和个人赚取高额利润。在这五个因素中，以技术为核心介绍新产品和新的生产方法是熊彼特创新概念的主要内容。熊彼特所描绘的五个方面创新可归纳为技术创新、组织创新和市场创新。

第三，创新带动经济周期变化和发展。熊彼特认为创新会引起经济增长并对经济的周期性波动产生影响。企业家的创新行为会为其他企业起示范作用，带动更多企业开始创新，这种连带作用会引发行业或产业的创新浪潮，这种创新的浪潮会带动经济社会对人力资源、物质资源及金融资源的需求急剧扩大，从而拉动社会经济的发展。随着这种浪潮的消退，经济也会趋于平缓。在这循环往复的过程中，由于技术创新的规模、周期、技术含量及创新效应的不同，各种创新对经济波动的影响也大小不一。

熊彼特在《经济发展理论》中提出，"创新"是指新的生产函数的建立，即企业对生产要素新的组合，它包括五种类型（上文已论述），因此西方经济学理论界有如下讨论。

20世纪70~80年代是"技术创新"理论的发展阶段。技术创新研究从管理科学及经济发展周期研究范畴中独立出来，初步形成技术创新研究的理论体系。研究的具体对象也开始逐步分解，出现对创新不同侧面和不同层次内容的较为全面的探索。研究内容主要包括技术创新研究的理论基础，技术创新的定义、分类、特征、起源、过程机制和决策、经济与组织效应、研发系统、技术创新的主要影响因素、技术创新的社会一体化和政府介入机制及相关政策等。技术创新的研究中融入了更多的理论和方法，但是这一阶段的研

2 国内外研究现状及分析

究较为分散,研究的重点不突出,特别是对工业企业技术创新研究相对不足,对技术创新全过程研究呈现出明显的不协调,同时缺乏对技术创新现实过程的研究。

20 世纪 90 年代至今,是"技术创新"理论的拓展阶段。目前的技术创新理论研究逐渐向综合化方向发展。一方面,研究成果得到进一步规范,同时产生了在新情境下的新理论,即开始进行某些专题的很多综述性的研究,并将已有研究成果分门归类加以总结描述,特别是在创新研究中,争论性问题重新被提出,同时结合新情境下新的创新理论被提出;另一方面,随着专题研究的深入,即在综合已有研究成果的基础上深入研究选出或新提出重点专题。例如,企业组织结构与技术创新行为和创新学习扩散等方面,这些研究内容和成果关注于社会经济技术活动的指导作用。

作为企业的一项重要经济活动,王青云和饶扬德[1]认为,技术创新的主要经济特征有创造性、积累性、风险性、扩散性和效益性。

其中,创造性是指创造出新的资源和产品必然伴随着风险性。技术创新系统是由一个由诸多因素存在,并有交互作用的复杂网络而构成的。因此,企业在创新过程中始终应重视风险识别和风险控制。

关于扩散性,"扩散"是所有分子具有的、因热搅动所致的随意运动,即布朗运动。创新活动通常会伴随风险性。技术创新及其扩散的过程是真正地促进发展、增进财富的过程。

李长青和李术丹(2006)[2]认为,"创新是社会发展进步的重要动力。从主体上来看,创新可以分为企业创新和政府创新;从内容上来看,创新可以分为技术创新和制度创新"。企业作为创新的主体,企业创新可以分为以下

---

[1] 王青云、饶扬德:《企业技术创新绩效的层次灰色综合评判模型》,《数量经济技术经济研究》,2004 年第 5 期。

[2] 李长青、李术丹:《演化经济学的演化与企业技术创新分析的新思路》,《经济问题探索》,2006 年第 10 期。

几种：商业模式（Business Model Innovation）创新，即引入新型的商业模式；技术创新，引进和开发新技术，并融入企业的产品或生产过程之中；产品创新，即开发出满足客户需求，提升客户体验的新产品；管理创新，即引入新型的管理方法、规范与制度，革新企业管理内部机制，提高运营效率降低成本，并提高市场反应速度；流程创新，即对企业的业务流程进行诊断、分析、优化，实现业务流程的集成。

2.1.2 技术创新的主体研究

学术界对于技术创新主体的研究根据其视角不同，技术创新的主要有三种层次：第一种认为企业家是技术创新的主体；第二种认为企业是技术创新的主体；第三种则认为技术创新主体是一个多元组合体，它包括相关企业、大学及科研院所、政府、市场和金融机构等。

第一种视角认为企业家是技术创新的主体。持这种观点的学者认为技术创新包括诞生直到技术创新实施的整个过程。傅家骥（1998）认为企业家在技术创新过程中促进创新理论的产生，同时管理技术创新整个过程，并克服在此过程中的障碍，最终使技术创新得以顺利完成。纪玉山等（2001）认为企业家在技术创新中起到核心作用，他认为企业家在提高创新效率、规避风险、组织协调及市场化等方面起着不同层次的整合作用。第二种视角认为企业是技术创新的主体。持这种观点的学者认为技术创新过程往往由企业完成，同时技术创新的成果是通过社会生产而完成的，企业是社会生产的主体。连燕华（1994）认为企业包含了技术创新所构成的决策、投资、研发主体、推广及受益五个主体，也有学者认为虽然有许多其他社会组织也在技术创新中扮演不同角色，但由于企业是对所有要素进行组合，而其他组织只是提供不同的角色而已，就整个社会的技术创新体系而言，企业是承担风险和分配利益的主体。第三种视角认为技术创新主体是一个多元组合体。有学者（常修泽，1994；丛培波，1995）认为，在现实的经济生活中，技术创新活

2 国内外研究现状及分析

动的主体是由多种要素组成,包括企业、大学及科研院所、政府、市场和金融机构。因此,技术创新是一个多要素集合的活动过程,企业、大学及科研院所是直接主体,政府、市场及相关机构是间接主体。

基于技术创新过程分析,技术创新活动往往需要多主体的共同参与和协作才能完成。技术创新过程观点认为,技术创新是一个需要协调企业内部和外部,及同行企业相互关系的过程,这其中需要企业、政府、科研机构及金融机构等各层组织的参与。然而,虽然参与技术创新过程的主体很多,但其作用和地位却有显著差异,只有企业才是技术创新的核心主体。因此,"只有同时拥有技术能力、经济实力,并且以盈利为目的的社会经济组织,才能真正有效地从事技术创新活动"(李媛,2005),而企业才是同时具备这些条件的社会组织。

2.1.3 技术创新条件研究

目前学术界对于企业技术创新研究,多集中于技术创新路径依赖、技术轨道以及组织学习等领域,对技术创新过程管理方面的机理研究还不多。对于技术创新条件研究主要有以下几个学派。

2.1.3.1 三维度决定论

Pavitt(1998)研究认为,企业失败多与企业没有成功地完成企业间内部组织配合和对技术机遇的把握有关,往往并不是因为不能掌握新领域的技术。最早对技术创新过程和条件进行系统分析和研究的是熊彼特(见图2-1),他将创新过程分为感性、概念化、开发和作业四个阶段。

Kamien 和 Schwartz(1991)[①] 进一步丰富和发展了熊彼特创新理论中对创新过程的研究。该研究中认为决定技术创新的变量有三个,即竞争程度、

---

① Kamien, M. I., Schwartz, N. L. 1991. Dynamic Optimization: The Calculus of Variations and Optimal Control in Economics and Management. North Holland, New York, Part I, Sections 1–11.

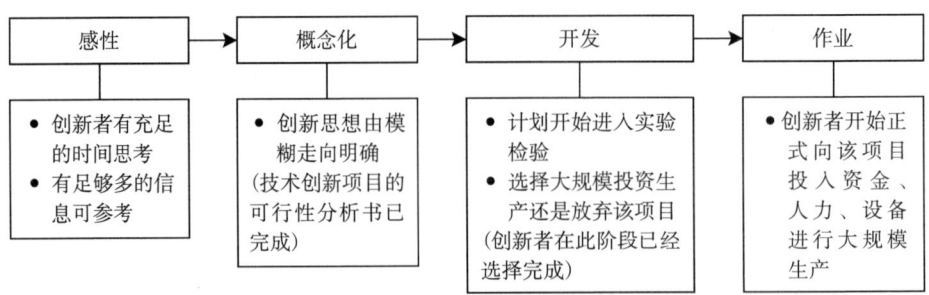

图 2-1 熊彼特关于创新过程的描述和定义

企业规模和垄断力量,企业在采取某种技术创新时,必须达到一定规模,否则创新是达不到最大经济效益的。英国经济学家们通过调查英国获得技术创新奖的成果发现,创新人员、市场认知、组织管理沟通、企业资源和政府等因素影响技术创新。国外学者还就市场结构对技术创新的影响做了专门的研究,熊彼特认为垄断的市场结构有利于企业技术创新。Arrow(1962)则认为市场竞争越强、格局越自由,企业越愿意致力于从事技术创新。基于熊彼特和阿罗的研究成果,Kamien 和 Schwartz 研究认为,垄断竞争的市场结构是最有利于企业技术创新的。Hoffman 和 Hegarty(1993)从社会文化和技术创新视角进行了分析;Herbig 和 Dunphy(1998)在研究中也指出,高层管理人员的社会文化价值观会直接影响他对于企业是否创新,何时以及采取哪种方式进行技术创新的抉择。很多研究表明,社会文化会影响企业管理者和决策者的思维模式和行为方式,从而影响其对企业的创新决策。

综合以上学者观点,可以看出他们在研究技术创新条件时,主要从政府政策、社会文化及资源方面影响了企业家对于技术创新的决策,同时市场结构和企业规模也影响技术创新,即从企业家决策、市场结构和企业规模三个维度影响技术创新条件(见图2-2)。

2.1.3.2 内外部视角决定论

李长青等学者通过回顾和分析演化经济学的历史及其重要的论点,认为演化经济学的思想对企业技术创新发展具有重要的作用,并从演化经济学视

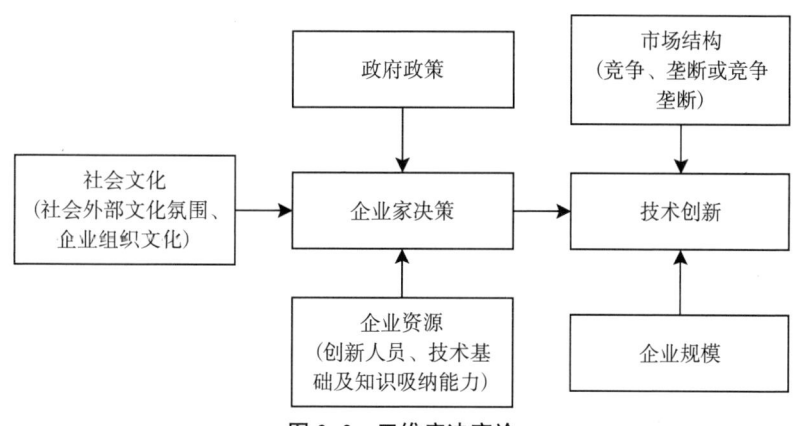

图 2-2 三维度决定论

资料来源：笔者根据相关文献整理。

角来分析企业技术创新，提出了"企业技术创新六要素模型"，模型把创新惯例、[①] 技术搜寻和企业家精神当作三个基本因素，政府、机会和选择环境是三个辅助因素，辅助因素之间相互影响和作用，三个基本因素通过作用，最终影响企业技术创新。冯鹏志（2000）[②] 从社会学角度深入分析和研究了技术创新及其相关影响因素，他认为"技术创新是由创新企业启动和运营的"同时他认为技术创新的社会环境变量有三个：物质资源、制度模式和社会文化背景。技术创新与这三个变量存在着互动和影响。

谢洪明、王成、李新春和区毅勇（2007）基于知识基础理论的战略观点，研究技术创新软性影响因素，以华南地区的148家企业为对象，运用结构方程模型进行检验，结果表明，组织文化、内部社会资本等通过知识整合影响着技术创新。在企业规模与技术创新关系的研究中，范爱军和刘云英（2006）运用面板数据模型，研究了我国高技术产业，发现技术创新研发投入经费的效率在不同规模企业间没有较大差别，大型企业技术创新研发资金

---

① 李长青等（2006）认为创新惯例是企业创新人员的个人特质、组织积累的创新经验等隐性知识，这些内在变量形成了一系列关于如何开展创新的规则和方式，创新行为则由这些规则，即"创新惯例"来决定。

② 冯鹏志：《技术创新社会行动系统论》，中国言实出版社2000年版。

投入并没有发挥出规模效益，大型企业技术创新研发人力资本投入效率要高于中型企业此类投入，竞争效应抑制了两类企业创新水平的提高，而技术溢出效应则促进了两类企业创新水平的提升。关于企业应何时进行技术创新以及创新力度如何，易永锡（2009）认为企业决策者应综合四个因素，即政府干预、市场结构、知识产权制度和创新文化进行综合决策。杨静和宝贡敏（2009）以浙江地区125家民营企业数据为调研基础，通过企业内外部因素分析，通过实证研究的方法认为研发能力、技术联盟、高层支持和地理位置是影响我国民营企业的主要因素。

以上学者大都把技术创新条件分为两个维度，即内部因素和外部因素（见图2-3）。

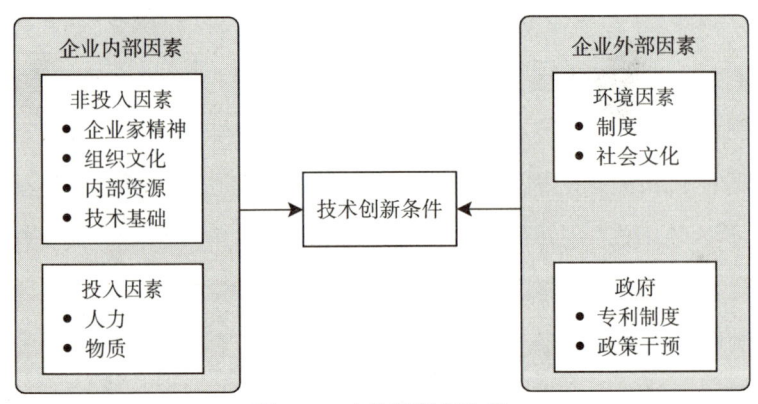

图 2-3　内外部视角决定

资料来源：笔者根据相关文献整理。

综观国内外文献研究可以发现，技术创新条件的研究比较多也较为丰富，然而我们也可以发现以下几个方面还有待于继续深入探讨：

第一，分模块研究多，全面系统研究少。从中外文献论述中发现，大多学者多从影响技术创新某一个视角出发，比如从社会文化视角（Kamien et al., 1982；冯鹏志，2000）、市场结构（Kamien et al., 1982）、企业规模（戴维，1970；范爱军等，2006）等单视角研究对技术创新的影响；也有部分学者从影响技术创新的部分因素入手研究，比如卡曼（Kamien）和施瓦茨（Schwartz）三因素、李长青（2006）等六因素、易永锡（2009）四因素等。影响技术创新条件的因素纷繁复杂，无论从企业内外部因素分析的视角，还是从理论视角分析某个模块对于技术创新的影响，都没有完全考虑影响技术创新的因素有哪些。

第二，影响技术创新条件因素之间并没有相关指数比较研究。国内外文献大都采用规范的理论推导、文献挖掘和实证研究等方法，对技术创新条件进行了分析，但是却很少有将因素之间的关系和影响技术创新系数做规范的统计分析的研究。

第三，研究中小型企业创新的居多。目前学术界多从中小型企业入手居多，实证数据往往来自某个典型的、具有浓郁地方色彩的企业群，比如杨静等（2009）以浙江地区125家民营企业数据为调研基础，谢洪明等（2007）以华南地区的148家企业为对象。

第四，理论贡献不足。正是由于国内外学者多从某个模块视角入手研究，因此往往根据某个模块的理论出发，对技术创新的影响做研究，然而对于企业技术创新本身条件的因素分析，没有明确提出依托的理论。

2.1.4 技术创新成功与失败模型研究

若企业技术创新目的在于发明或发现某种专利等，那么这项技术创新无疑是失败的。

国外学者很多对中小企业技术创新的影响因素感兴趣，他们多根据本国或本地区的一手数据进行实地调研，同时研究领域多集中于中小企业技术创新的关键成功要素和制约因素。DeHayes和Haeberle（1990）认为企业技术创新成功应从五个维度，即技术、市场、领导、团队和战略进行分析，认为"技术持续开发能力、市场集中度、高层管理者团队和领导力、内部组织管理机制及战略联盟等因素"是企业技术创新的主要因素。Kim、Song和Lee

（1993）基于韩国小企业的数据分析表明，影响技术创新成功的因素主要围绕领导者、外部环境和内部管理维度展开，认为"高层管理者的管理特性、环境异质、环境扫描战略及内部组织结构专业化"是影响技术创新的主要因素。Ghosh 和 Kwan（1996）在对新加坡、马来西亚、澳大利亚及新西兰4个国家中小企业数据进行实地调研和实证研究的基础上，从顾客、内部机制和营销体系三个维度认为，"良好的客户关系、有效的管理机制和市场营销体系"三个因素是影响企业技术创新成功的关键因素。Ghosh 和 Liang（2001）在对新加坡50个绩效最好的中小企业调研的基础之上，从内部机制、领导、战略、顾客四个维度认为，"有效的管理体制、领导力、战略、市场集中、持续发展能力和良好的客户关系"六个因素影响技术创新的成功。迟宝旭（2004）从四个不同层次和五个不同维度分析技术创新成功的环境因素，四个层次分别为企业内部、区域、国家和国际层，从内至外层层相连；五个维度分别为制度环境、人才培养环境、企业家精神、资金投入力度与融资环境、市场需求与资源供应五个维度（见图2-4）。

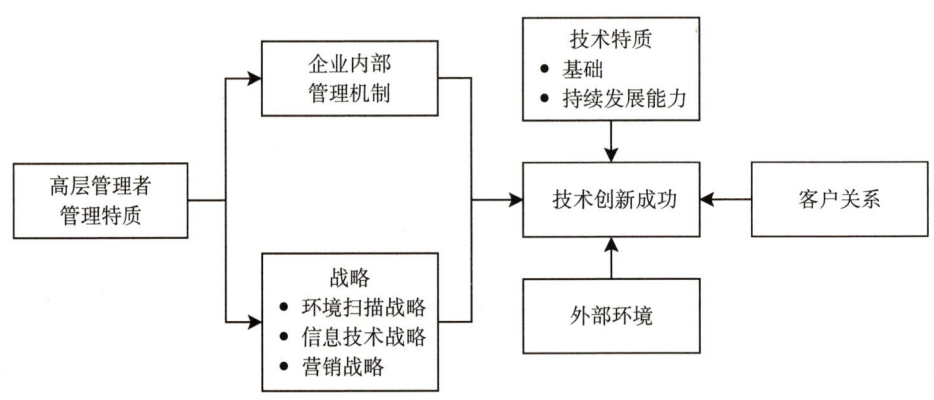

图2-4 技术创新成功影响因素理论整理

资料来源：笔者根据文献整理。

国内外学者不仅就中小企业技术创新成功因素进行研究，同时还运用实证或案例研究的方法，对限制技术创新的因素进行研究。O'Regan、Ghobadian

和 Sims（2006）认为，尽管中小企业有易于适应环境改变的特点，然而创新是一个复杂的过程，中小企业同时也面临很多约束和障碍，限制了中小企业的创新能力。有学者运用实证或案例研究方法探讨了中小企业技术创新的制约因素。Smallbone、North 和 Roper（2003）在对英国企业进行实证调研的基础上，认为资金和技术创新效率低下是制约中小企业创新的障碍之一；同样，Hewitt-Dundas（2006）的研究也验证了 Smallbone、North 和 Roper 的结论，认为缺乏资金和信息和创新风险高是制约中小企业技术创新的因素，同时还提出缺乏创新合作伙伴也是主要障碍因素。国内学者的技术创新影响因素研究也多集中于障碍因素方面。通过高建和傅家骥（1996）对我国 1051 家企业，孙健、薛永玲、韩广智和徐惠（2001）等对青岛市 84 家企业进行调研，普遍认为资金、人才、管理和信息的缺乏，体制不完善是目前制约我国企业技术创新的障碍。除了以上因素，观念落后和缺乏领导力（姚红义，2006）也都是制约因素。

总结国内外学者研究，我们对技术创新成功因素的三个要素达成共识，即企业内部管理机制、良好的客户关系（含营销策略）、高层管理人员的特性和领导力。除了这三个要素，还有技术持续潜力、市场集中度、环境及战略等（见图 2-5）。

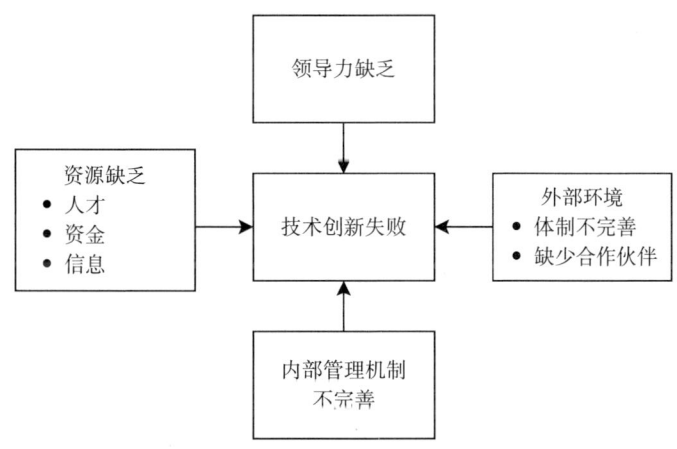

图 2-5 中小企业技术创新失败因素研究理论整理

资料来源：笔者根据文献整理。

2.2 技术创新市场化影响因素研究

技术创新价值实现过程也是技术创新市场化的过程，即技术创新成果成功推出市场获得经济效益。技术创新绩效反映了企业技术创新市场化实施效果，反映了技术创新的经济效益对创新过程作事后评价，反映了技术创新活动管理水平和潜在效果。好的创新业绩必然是由好的创新管理过程来保障的，因此通过技术创新绩效的研究，可以推导出企业技术创新成功市场化的影响因素。

企业技术创新是一个复杂的过程，国内外学者对于如何测度企业技术创新绩效，至今仍没有统一的标准体系，因此对于企业技术创新绩效的评价仍然在摸索、尝试和开拓阶段。Steek（1994）通过以核对表（Checklist）的形式，对技术创新研发活动进行评价，核对表内容主要包括技术创新项目目标的关联性是否受重视，是否发现和利用了市场因素，技术创新目标是否根据资源约束而设定，是否考虑了生产制造要求，技术创新项目是否能够持续有效地增强创新性这五个方面。Ransley 和 Roges（1998）对企业的最佳技术创新研发实践进行了研究，总结提出七个方面会得到成功的研发实践，即技术策略、创新项目选择和管理、企业核心能力、技术有效性、外部意识、技术转移和创新人员。Wilson（2003）以专利作为技术创新绩效研究，然而却不能全面反映技术创新的绩效。目前关于学术界的技术创新绩效评价指标体系，陈劲和陈钰芬认为目前学术界对于技术创新绩效研究仍存在以下不足：①将投入和产出指标混淆，强调技术创新各种资源投入，却没有正确反映创新产出；②以技术产品创新绩效为主，却没有正确反映技术工艺创新绩效；③指标评价体系构建存在短期效应和表面性现象，未能反映创新过程绩效；

④存在高度不确定性，有不可控和不可预见情况出现。

鉴于理论界对于技术创新绩效概念的不明确，高建、汪剑飞和魏平（2004）首次提出技术创新绩效的概念，即"技术创新绩效指的是企业技术创新过程的效率、产出的成果及其对商业成功的贡献，其中包括技术创新产出绩效和技术创新过程绩效"。

2.2.1 技术创新价值实现评价研究

企业技术创新价值实现评价，实际上就是企业技术创新绩效评价体系，主要通过评价指标体系来测量，尹建海和杨建华（2008）认为指标体系是一套能充分反映企业技术创新绩效，并且各指标间具有一定的内在联系而且相互补充的指标群体。王国进和王其潘（2004）认为，指标体系也关系到企业技术创新资源的合理配置，还涉及企业创新能力构建与创新机制完善。众所周知，技术创新是一个复杂的系统工程，技术创新特性，即阶段性、多样性以及层次性，决定了技术创新价值实现指标体系的多样性和层次性，同时这样才能全面有效地反映企业的技术创新绩效。

国外学者中，Griffin 和 Page（1993）对技术创新产品开发进行测量的时候，开发了一个创新绩效指标系统，主要通过顾客接受度（4个指标）、财务成功（取得经济效益，4)、产品和项目成功（5）及公司层（1）来衡量开发的绩效。Driva、Pawar 和 Menon（2000）利用问卷方法，在对大量企业进行调研的基础上，总结了企业和学者最常用的衡量企业技术创新绩效的指标体系。企业使用的绩效指标包括总体项目开发成本、开发项目及时交付、真实项目成本与预算比、项目完成的真实时间与目标时间比、上市时间、正式生产前的商业中试、项目获利性分析、项目失败比率、供应商交货时间、市场失败原因、产品样机通过安全检测、研发预算占销售量、产品开发每阶段的时间花费、产品质量方针及真实的利润与预测的利润比等64个指标中的前15个；学者适用的指标体系主要包括总体上市时间、顾客需求预测的准确性、顾客需求解释的准确性、整体的产品开发时间、项目完成的真实时间与目标时间比、产品规划书到生产交付时间、顾客发现的设计失败数量、每个产品开发项目的总体成本、顾客特殊需求的反应时间、应用普遍设计平台能力、已上市产品失败的原因、产品交付成本、成功的产品开发项目比率和最初产品规划变革的时间花费。这两个指标体系的区别在于，企业关注的是成本和时间，而学者关注则偏重于顾客满意度方面的指标。Cormican 和 Sullivan（2004）认为企业技术创新是持续发展和功能交叉的过程，对技术创新过程，创新者必须有效管理，将企业内部组织的各方面进行有效整合，其中包括人员、过程及相关技术工具。

国内学者高建等（2004）总结了国内学者对技术创新绩效评价指标体系的研究，认为现有指标体系构成主要有三种，即创新绩效对企业商业绩效的影响因素、技术创新产出效益属性（经济效益、技术效益及社会效益等）和技术创新投入产出过程（包括投入和产出指标）。同时他们通过总结国内外研究，认为技术创新指标体系的特点和问题，即新产品销售收入与其公司整体销售收入比率是最为常用的指标。国内学者对于技术创新绩效某些评价指标，比如改善环境、政府行为等，大多过于定性，但原始数据无法或很难获取；国内外学者多关注通过时间和资金指标，来关注技术创新的效率和资本投入；国外学者关注顾客需求，同时注重技术创新失败指标，而国内学者研究则较少提及。如前所述，高建等（2004）定义了技术创新绩效概念，从定义中我们也可以看出，技术创新包括产出和过程两个维度，产出绩效反映了技术创新的贡献，而过程绩效则衡量了企业技术创新过程管理水平。

2.2.2 技术创新价值实现评价体系研究

Kaplan 和 Norton（1992）在《哈佛商业评论》上发表的"平衡计分卡：驱动绩效的量度"文章中，最早提出了应用平衡计分卡方法衡量企业技术创新绩效，他们通过对 12 家企业进行为期一年的研究表明，传统上基于财务指标的组织衡量系统可能会给管理者和员工行为造成误导的信号。平衡计分卡强调传统的财务会计衡量模式只能衡量过去发生的情况和事项,即落后的结果因素,而无法评估和有效预测企业前瞻性的投资,即领先的驱动因素,因此需要一个可以提供企业长短期目标统一,实现需求结果和业绩评价统一的指标体系,即平衡计分卡,包括顾客(Customer)、内部管理(Internal Business)、创新与学习(Innovation and Learning)和财务(Financial),这四个维度相互联系、相互影响,将软硬指标有机结合。Roger 和 Radford(2000)也建议采取平衡计分卡方法,作为计量和控制工具引入新产品开发和研制管理过程中。

国内尹建海等(2008)学者在前人研究的基础上,将平衡计分法应用于国内技术创新绩效评价体系,并提出要更为重视社会生态环境和未来发展导向的"增强型平衡技术创新计分法",他们基于财务、流程、客户、发展及社会生态等方面提出,采用技术创新效果、技术创新管理、技术创新投入、财务角度和社会效益五个维度 23 个指标,可建立企业技术创新绩效评价指标体系,同时针对每项指标进行了详细分析和解释,为企业认识自身的技术创新状态和评价技术创新绩效提供依据。张思磊和施建军(2010)在前人研究的基础上,发展了平衡计分卡方法,提出技术创新绩效评估的六要素,即投入、知识管理、战略、组织结构及文化、项目管理能力、商业绩效(见图 2-6)。

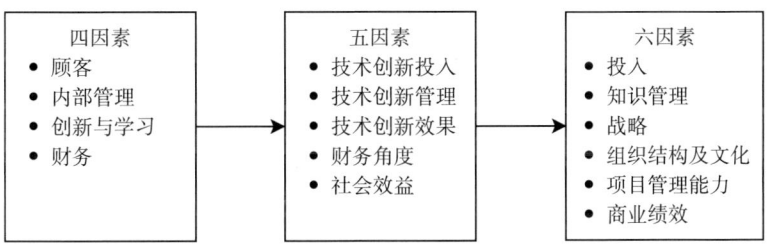

图 2-6 "平衡计分卡"应用于对技术创新价值实现评价体系研究的发展历程
注:四因素:Kaplan 等(1992);五因素:尹建海等(2008);六因素:张思磊等(2010)。
资料来源:笔者根据文献整理。

企业技术创新时机选择问题研究

2.3 新产品进入市场次序研究

学术界对于技术创新和时机的研究多从技术创新产品进入市场时机的角度分析,即创新产品进入市场的问题和创新产品的市场进入次序。

Bass(1969)是最早对创新产品推出市场的最佳时机进行研究的,他认为创新产品推出市场涉及了一系列问题,特别提出创新产品推出市场应考虑产品推出市场的扩散程度,他认为由于创新产品最初缺乏消费者"口碑"的影响作用,销售率会偏低,随着广告宣传和消费者内部宣传作用的加强,销售率也在逐步增长,而由于市场饱和,销售率也会开始降低(消费者与广告)。Hauser 和 Urban(1993)认为,如果缩短创新产品开发时间,那么销售周期会延长,并对企业利润产生影响,如果是以提高产品成本为代价,加快创新产品上市,这是很有风险的活动;相反,延长创新产品开发时间,降低成本会给企业带来益处,因此,这就产生了选择什么时机让创新产品推出市场这个问题。Ulrich 和 Eppinger(1999)设计了创新产品开发的时间和成本平衡模型,并提出"四步分析"模型,而这个模型假设过于理想化且无实用价值,模型忽视时间因素,忽视与市场相联系的产品推迟或提前上市给产品利润所带来的影响。Sergei 和 Christian(2003)利用数学模型方式,为企业技术创新研发小组在新产品开发方面提供帮助分析,他们将消费者分为受广告影响勇于尝试的潜在顾客、已购买产品并用传播特性的顾客和受已购买产品顾客影响而购买产品的顾客三类,同时假设在同一时段有两种同质新产品参与市场竞争,分别检验各种可能情况下推迟或加快上市对创新产品利润及销售周期产生的影响(见图 2-7)。

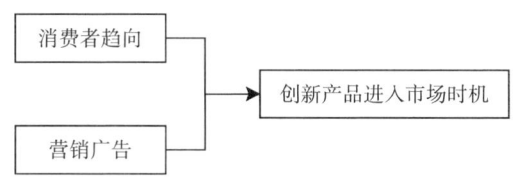

图 2-7 学术界早期对于创新产品进入市场时机问题提出的模型
资料来源：笔者根据相关文献整理。

2.3.1 先动者优势的价值分析

创新产品市场化是每个企业发展的必经之路。而创新产品成功进入市场的概率很低，我国平均每小时就有两个创新产品推出市场，而同时也有至少两个创新产品退出市场。导致创新产品失败的原因很多，其中创新产品进入市场的时机选择是影响其成败的关键因素之一。在我国，创新产品成功市场化概率在 5% 以下。

市场进入次序问题一直是产业经济学中讨论的前沿问题之一。Robinson 和 Fornell（1985）最早提出"先驱优势"（Pioneer Advantages），Lieberman 和 Montgomery（1988）最早对"先动优势"（First-mover Advantage）做出了较为系统的研究。Lieberman 和 Montgomery（1990）将"先动者"定义为"正因为生产一种新产品、采取一项新技术工艺或进入一个新市场，会导致同属一个产业会有一个企业可能在某方面是先动者，而其他方面则可能是另外企业是先动者"。Golder 和 Tellis（1993）认为"先动者"既不是发明者也不是产品先驱，而是指最早在某市场出售该产品的企业。

"先动优势"理论基础主要有两个，即用进入壁垒理论和企业效用函数来分析的经济理论，以消费者视角对先进品牌和后进品牌的不同反应的行为理论。从经济学视角，Kerin、Roger 和 Rajan（1992）认为，先动者的竞争优势是相对后进企业而言的，进入壁垒意味着后进企业要花更多资源与先动者进行有效市场竞争，因此这些进入壁垒造成先动者优势。进入壁垒主要包括规模效应、不对称信息、先动与后进两者广告边际效用差异、声誉差异、模糊性上的"不确定的可模仿性"及沟通效应等,从行为理论的视角,来描述消费者对先驱品牌和后来品牌的反应。Peterson(1992)认为先动者会吸引走早期消费者,因为先动者比后动者遇到的阻力要小得多,通常后动者的市场都是不倾向于购买该类型的消费者。Carpenter 和 Kent(1990)用消费者在其消费偏好形成中的特性来解释先动者优势,也有学者从消费者判断和决策角度进行研究。

影响先动者优势研究视角主要分为以下几种:技术优势(Lieberman et al.,1988;Kerin et al.,1992):企业的技术创新、专利技术、组织创新及学习曲线效应会为企业带来先动者竞争优势;资源优势(Lieberman et al.,1990):企业对于物质资源、人力资源、组织资源、外部关系资源、技术及顾客认知等方面的优先占用都会产生先动竞争优势;成本优势(Robinson et al.,1985)或先取优势(Kerin et al.,1992):基于成本优势和规模经济优势,先动者先于其他企业进入市场,通过认知、地理和营销渠道的先占,先动者获取了差异化优势,因此会节约研发、实验、购买、制造及销售方面的费用;行为优势(Kerin et al.,1992):因成本转换、企业声誉、消费者行为沟通、信息与消费经验不对称导致的差异化优势;营销与顾客优势(Robinson et al.,1985):先动者会通过整合企业战略竞争力量,从市场供给方面获取差异化优势,同时通过产品经验从市场需求方面获取差异化优势(见图2-8)。

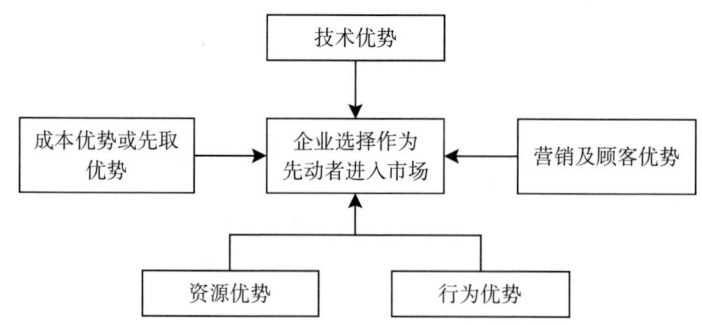

图2-8 企业选择作为先动者进入影响因素

资料来源:作者根据相关文献整理。

2 国内外研究现状及分析

很多学者都通过实证研究证明,第一个提供并营销该创新产品的企业能获得巨大且持久的销售和竞争优势(Bond & Lean,1977),后进者进入市场后,也会侵蚀到先进者的市场份额,因此也会影响先进者优势的显著程度。Robinson 和 Claes(1985)通过考察 371 个成功的消费品企业,发现企业作为先动者占有 20%的市场份额,相对先动者 17%的市场份额,后动者仅占 13%。同样,Lambkin(1988)对 129 个新创企业和 187 个于成长期的企业进行研究,同样发现显著的先动优势。Brown 和 Lattin(1990)则通过实证研究,证实由进入次序而导致的先动者占市场份额优势会在后进者进入市场后逐渐减弱,这个优势通常会保持 3~5 年。

2.3.2 追随者优势价值分析

国内外学者谈到进入次序中追随者优势的时候,普遍在后进者"搭便车"效应获取优势(Lieberman et al.,1990;Kerin et al.,1992)和避免先进者技术创新成本和风险优势上达成共识。同时还有学者提及先动者有"在位者惯性",技术更新速度加快等,都会使后动者在市场上获得竞争优势,并且企业间技术变革非常快,先进入者在早期所投资的设备和信息很快会过时,此时追随者可采取最先进的设备、信息和技术等。还有,由于顾客对先进入者的品牌忠实度不高,也会影响企业选择后进入市场的时机。国内外进入次序的研究中,集中于先动优势,对追随优势的研究较少,其中具有代表意义的是 Jamal、Corey 和 Jerome(2004),他们研究了追随企业在渗入市场能力方面的差异,以及他们要早成功,在多大程度上会受现有市场环境、资源能力和战略定位的约束。

在对追随者进入优势实证研究中,学者分别从市场份额、经济利润和市场存活因子等角度展开分析。基于对先动企业和早期进入企业市场份额的研究,学者认为,追随者也许最终会占有比先动者更大的市场份额,有研究甚至认为优秀的追随者可以占有先动企业 78%的份额;从利润角度来看,Boulding 和 Christen（2003）考察了几百个消费品企业发现，对一般企业而言先动会造成边际利润亏损，同时先动企业会产生成本劣势，这也导致先驱利润劣势；从市场存活因子角度分析，Golder 等（1993）在考察了 50 个市场之后，发现有 46 个市场的领导者是后动企业而不是先动企业，研究还发现先动者的失败率达 47%，相对后进者的失败率则是 8%（见图 2-9）。

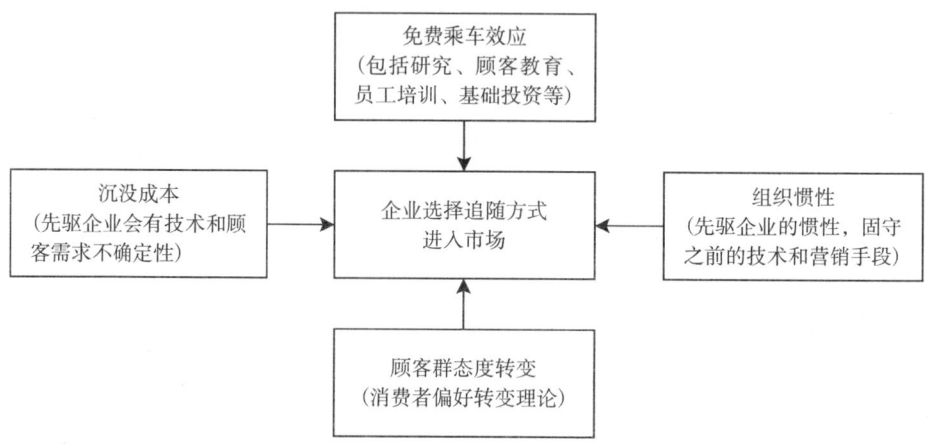

图 2-9　企业选择追随方式进入市场营销因素分析

2.3.3　进入次序战略角度价值分析

技术创新时机影响因素的系统研究并不是很多。仲伟俊和梅姝娥从理论上，将企业技术创新时机放入企业技术创新战略制定的模块中研究，他们认为，企业技术创新时机选择是制定技术创新战略的重要部分，他们认为领先进入有明显的优势，但是也存在一系列的劣势，他们从顾客群、技术本身基础、产业报酬、竞争对手、企业抗风险能力及企业市场影响力几个方面，分析了企业技术创新进入时机影响因素。主要包括：①用户需求不确定性。这个因素与企业技术创新时机选择是强相关。因为如果初期用户需求不确定性越强，那么进入市场风险就越大，进入时间越要谨慎。②与原有技术相比的创新程度和顾客对该项技术的认知度。这个因素与企业技术创新时机选择也是强相关。因为如果新技术的应用显著改变原有技术的可靠性和可携带性，这类新技术和新产品的价值就能很快被消费者认可，那么技术创新的产品也就很容易被接受。③技术创新所配套的技术和产品的可获得性和成熟度。如果新技术所需要的配套的技术和产品越成熟和越容易获得，那么企业就越容易此刻进入；反之，如果企业还需要自己去研发和设计配套技术和产品，那么企业则应慎重考虑。④竞争对手进入形成的威胁。他们认为如果该技术领域进入门槛高，具备实力和资源进入该市场的竞争对手很少，那么企业应该考虑此刻不进入市场，等待消费者需求更明确，相关服务和支持产品更好后，再行进入技术创新，这样技术创新成本低；反之如果进入门槛低，进入威胁大，那么企业应尽早进入市场，树立形象，抢占市场。⑤产业报酬递增效应大小。产业学习效应和网络外部性越强，即产业报酬递增效应越强，企业越要考虑尽早进入市场，否则如果竞争对手进入的话，不断自我增强效应会让竞争对手越来越强，最后自身无法跟上行业的发展。⑥企业抗风险能力和企业实力。正如前面提到的，技术创新前期往往需要预先投入比较多的人力和资金，来进行创新产品和技术的开发，此时收益往往也很小，这种状况下很容易导致企业走向死亡，企业有很强的实力，不仅可以应对创新初期的市场缓慢启动，同时还可以通过自身影响力获得资源等方面的支持（见图2-10）。

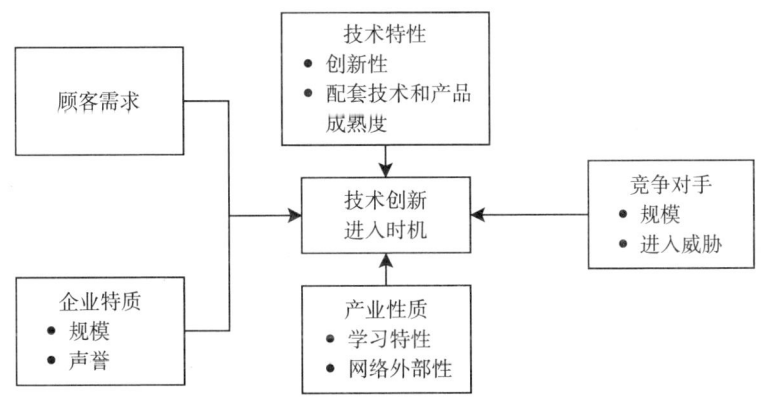

图2-10　技术创新进入时机影响因素分析

资料来源：仲伟俊、梅姝娥：《企业技术创新管理理论与方法》，科学出版社2009年版。

2.4 "机会"研究

在经济学和管理学领域,很多学者对"机会"进行了研究,有营销学视角的机会理论、基于企业家精神视角的创业机会理论、基于行为公司金融理论视角的市场时机理论、基于经济学的技术机会理论和基于市场、资源、科技进步等方面重新组合而形成的创新机会理论学派。本书研究的技术创新时机中的"时机",是结合以上领域的研究而来的。

2.4.1 技术机会理论

对技术机会的研究,要从熊彼特的机会观谈起,熊彼特认为,"'客观机会'一直是进步的先决条件"。这个以美国经济学家施穆克勒(Schmookler)、罗森伯格(N. Rosenberg)等为代表的新熊彼特学派认为,"机会"源于科学技术的进步,科学和技术为生产力的发展提供机遇(Nelson & Winter, 1982),只有当人们识别和使用新的科学知识创造经济价值,部分经济价值被追寻机会的人所占有时,"技术机会"才会产生。Holmen、Magnusson 和 Mckelvey (2007) 认为"技术机会主要用在演化理论中,作为抓住经济发展背后驱动力的核心概念,反映的是实现技术创新的可能性"。张妍(2009)认为"技术机会是企业技术创新能否成功的关键,是任何一项技术创新都必须考虑的重要因素"。这种观点是从"技术机会"产生角度出发的,但是它忽略了商业环境中利用和开发技术所具有的不确定性,同时也忽略了市场的作用(Holmen et al., 2007)。

张妍和李兆友(2007)认为国内对企业技术创新过程中技术机会的发现与功能的研究一般从两个视角展开:一是企业外部视角,即企业外部环境和科学技术的发展变化为企业技术创新所提供的技术机会；二是企业内部视角，即从企业技术创新活动和技术创新能力方面，分析技术机会在企业技术创新过程中的作用。

基于企业外部视角，贺素琴（2004）分析了知识存量增长、新技术水平提高及研发费用提高等这些科学技术水平的提高为企业技术创新带来的多领域技术群的突破性进展，同时丰富了企业为达到经济目的所需采取的技术手段等，因此创造了大量全新的技术应用机会。姜黎辉、张朋柱和彭诗金（2006）认为技术溢出信息为企业提供了客观的技术机会（见图2-11）。

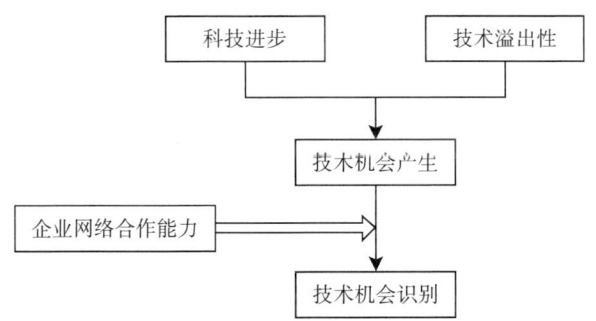

图 2-11 基于企业外部视角的技术机会影响因素

资料来源：姜黎辉、张朋柱、彭诗金：《技术机会识别能力与企业网络合作能力关系研究》，《科技进步与对策》，2006年第7期。

基于企业内部视角，李保明（1990）最早提出了技术机会在企业技术创新决策活动中起到了决定性的作用；沈必扬和王晓明（2006）研究了技术机会与企业创新绩效之间的关系，认为企业所处在高技术机会水平会比低技术机会能在更大程度上转化为创新绩效（见图2-12）。

该学派认为，只有当人们识别和使用新的科学知识创造经济价值，当部分经济价值被追寻机会的人所占有，"技术机会"才会产生。这种观点，是从"技术机会"产生角度出发的，但是它忽略了商业环境中利用和开发技术所具有的不确定性，同时也忽略了市场的作用（Holmen，2007）。

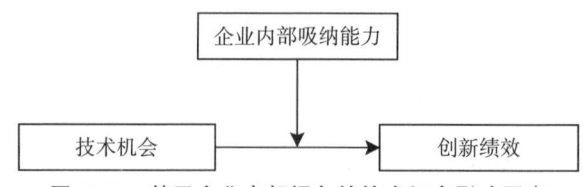

图2-12　基于企业内部视角的技术机会影响因素

资料来源：沈必扬、王晓明：《基于吸纳能力、技术机遇和知识溢出的企业创新绩效分析》，《科技进步与决策》，2006年第4期。

2.4.2　创新机会理论

"创新时机"是指将资源、市场需求、科技、顾客喜好或经济主体之间相互关系等进行新的组合所产生的潜在的经济价值付诸现实的可能性（Holmen，2007），既包括潜在的市场，又包括为了这个潜在的市场服务所需要的科学技术。"创新机会"学派认为，创新不仅是一项已有的技术，还可以是个人的新的创意和感知，也可以是企业内部资源的整合本质。"创新机会"由三个要素组成，即对他人具有经济价值、有能利用资源来实现机会的可能性和感知机会的人能实现这个机会部分经济价值的可能性。

"创新机会"学派明确地站在信息不对称、不完整和对未来无法预测的情形下来感知信息做出决定的过程这一角度，同时由于主体识别机会、采取行动利用机会的过程在演变，感知和不确定性成为"创新机会"中最重要的概念构成过程（见图2-13）。由于个体存在差异性，因此他们在感知的过程中会设计不同的未来，面对同样的机会，会采取不同的方案（Loasby，2001）。该学派还明确提出创新主体、创新活动和制度有互动作用，创新者与机会之间互为条件和约束。

2.4.3　产品价值实现机会

价值实现机会问题是市场营销管理研究的重要组成部分。面对产品和物质资源日益丰富、买方市场特征越来越明显的特点，激烈的市场竞争与相对

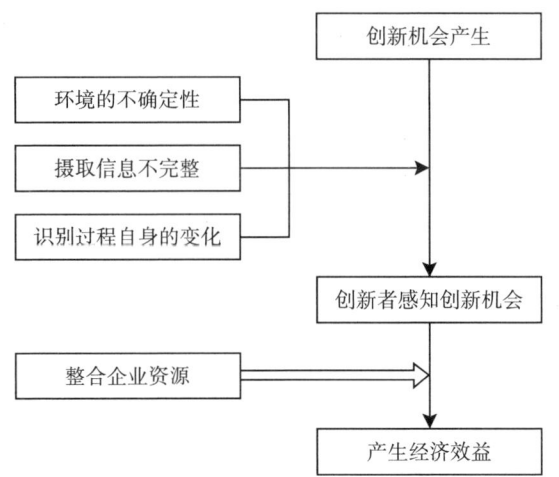

图 2-13 创新机会学派对于创新机会产生经济效益过程的评述
资料来源：笔者根据文献整理。

有限的资源和市场，对企业的生存发展形成严峻挑战。企业领先一步利用市场机会，把握并使用好各种机会资源，也就意味着掌握商战的主动性，并能取得持续竞争力。

菲利普·科特勒（2001）将产品推向市场定义为营销机会（Marketing Opportunity），是"包括一个公司通过工作能够盈利的需求领域，这些机会可以按其吸引力和每一个机会可能获得成功的概率来加以分类。公司在每一个特定机会中的成功概率不仅取决于它的业务实力是否与该行业成功所需要的条件相符合，还取决于业务力量是否超过其竞争对手的业务力量。经营最佳的公司将是那些能创造最大顾客价值并能持之以恒的公司"。随着市场环境的改变，科特勒的观点逐渐得到补充和完善，如机会还能够为顾客创造或增加更大的价值；为了能解决某项重大问题，或满足某项重大需求或愿望，某些人愿意多支付一些；在顾客需求旺盛的市场，利润很高。程艳霞和解鸣（2004）认为"机会来源于人们未被满足的需要和新产生的需要，甚至是引导人们产生新的需要"。

机会根据不同的特性可分为以下几类：根据是否具有可测量性，分为表面机会和潜在机会；根据是否具有可利用性，分为企业机会与环境机会；根据时间性，分为当下机会与未来机会；根据机会所显现的行业及产业位置，分为行业机会和边缘机会；根据机会产生的空间性，分为全面机会与局部机会。孙丽（2009）认为营销机会具有以下四个特征：客观存在性、公开性、时间性和理论上的平等性与实践上的不平等性。

2.4.4 市场时机理论

市场时机理论是基于行为公司金融学（Behavioral Corporate Finance）理论产生的。行为金融学（Behavioral Finance）产生于人们对传统金融学的质疑和金融异象的讨论中，它是金融学、心理学、社会学和行为学等学科相交叉的边缘学科，揭示金融市场的非理性行为和决策规律。行为金融学认为，证券的市场价格并不只是由证券内在价值决定，同时还受到投资者主体行为的影响，即投资者的心理和行为对证券市场价格的决定及其变动具有重大影响。行为金融学是与有效市场假说（Efficient Market Hypothesis）相对应的一种学说，可分为套利限制（Limits of Arbitrage）和心理学两部分。

2.4.5 创业机会理论

基于企业家精神的"创业机会"学派，强调市场在潜在的机会中所起的关键作用。Ardichvili 等（2003）认为企业家是在识别机会，为股东创造价值的商业机会，这一概念完全依赖市场所给予的机会。尽管这一概念可以解释那些以追求潜在的利润为基础的新创企业，却不能用来很好地分析以创新为核心的企业家精神。这一学派还认为企业家对于机会识别受企业家警觉意识、社会关系网络、信息不对称、个人特质、机会类别五个因素影响（Ardichvili et al.，2003）。

在创业管理和企业家精神研究领域，创业机会观点受到学者们最广泛的关注（Short et al.，2009），其中创业机会识别是创业机会的一个核心话题，相关研究主要包括两方面的内容，即创业机会的属性特征研究和创业机会识别的影响因素研究。国内外学者从不同角度阐述了他们对创业机会识别的理解。有学者关注创业机会的来源。Timmons（1999）认为，创业机会主要来自改变、混乱或不连续的情景。从外部看，创业机会可能源于技术的快速变革，或者是政策法规的调整及新法规的制定；从内部看，创业机会可能源于高层管理者对创业的高度警觉，或是主要竞争对手内部管理不善。有学者关注创业机会的分类，Ardichvili 等（2003）将创业机会分为四类，即梦想、待解决的问题、技术转移和市场形成，Smith 等（2009）根据知识的隐性化程度将创业机会分为编码化机会和隐性机会两类。有学者关注机会识别的方式，企业的行为理论学派和创业的技术学派认为，创业机会独立于企业家而存在，它是企业通过不断搜寻而发现的（Foss et al.，2008；Shane，2000）；而创业的逻辑学派则认为，创业机会与企业家个人紧密联系在一起，创业机会是企业家在探索开发新产品或新服务方式的过程中创造出的（Alvarez & Barney，2007）。还有学者认为，发现和创造是企业识别创业机会的两种方式，两者并不矛盾而是构成机会识别的一个良性循环（Zahra，2008）。总的来说，关于机会属性特征的研究比较丰富，研究视角多元化，但缺乏系统性、整合性的思考。

创业机会学派中，大量研究关注影响创业机会识别的因素。概括地说，这些因素大致可分为三类：①拥有或获取机会识别所需要的知识和信息。例如，已有的知识（Shane，2000）、机会信息的社来源（Ozgen & Baron，2007）、组织学习（Corbett，2007；Dutta & Crossan，2005）等。②机会本身的属性特征。例如，机会是隐性的，还是显性的（Smith et al.，2009）；是主观识别出的，还是客观存在被发现的（Nicolar, et al.，2008）；是被发现的，还是被创造的（Vaghely & Julien，2008）。③创业者个人的认知特性。例如，企业家对创业的警觉性（Kaish & Gilad，1991）、风险感知程度（Hean et al.，2002）、自信（Norris & Peter，1994）以及个人抱负等（Lee &

Venkataraman，2006)。

尽管关于创业机会识别的研究非常丰富，但仍存在几点不足：一方面，关于创业机会识别的实证研究非常欠缺。以往研究大多强调从理论层面分析创业机会的影响因素和属性特征，但缺乏相应的实证研究，特别是基于转型经济背景的实证研究更是少见，这无疑限制了基于机会的创业观点的发展。另一方面，创业机会与战略管理的整合性研究不够。很少有学者将战略变量引入到机会识别的影响因素研究中。例如，作为企业一种非正式的战略，管理者关系如何影响创业机会的识别？这一问题并没有引起学者们足够大的重视（见图2-14）。

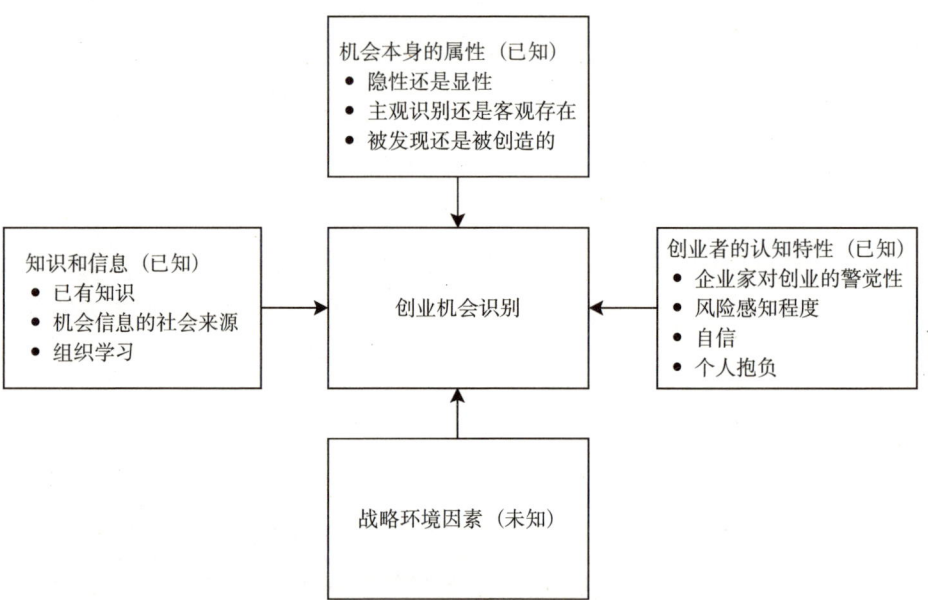

图2-14 创业机会识别影响因素文献回顾
资料来源：笔者根据相关文献整理。

本章小结

本章主要从以下几个方面进行文献回顾：

第一，回顾和分析了技术创新理论中关于主体、技术创新条件及技术创新成功与失败模型的相关研究。

第二，回顾和分析了技术创新市场化影响因素的研究，并对技术创新成功的评价体系进行研究，同时还对理论界在该领域建立的模型进行分析。

第三，回顾了新产品进入市场次序的研究，包括先动优势、追随策略和后进优势分析等。

第四，回顾了有关理论界对于"机会"在技术创新、创业以及金融领域的发展。

通过对相关文献的回顾和分析，本书梳理了国内外理论界对于技术创新时机方面的相关研究，理清了各理论流派的研究进展和贡献，并基于以上的研究，为本文理论推导和实证研究方面奠定理论基础。

3 影响技术创新成果实现因素研究

基于技术创新过程的研究，技术创新成果的实现，即技术创新的技术实现受到来自政府、产业、企业等方面因素的影响，通过文献分析和理论研究，在各影响因素中，政府政策环境、产业技术基础、企业资源、企业技术基础能力及管理者因素会影响技术创新成果的实现。

3.1 政策与制度环境

基于政府行为来研究企业技术创新的研究较为丰富。西方学者在 20 世纪中期开始，对政府补贴对企业创新行为的影响进行研究，近年来也有很多学者开始关注政府制度层面对企业技术创新初期投入的影响。西方学者侧重于对技术产权和知识产权保护的研究，但这部分研究偏重宏观层次，多基于模型而缺乏实证检验。

在完全竞争市场条件下，市场会通过自身调节达到资源有效配置，在现实中市场有自身无法克服的固有缺陷，即市场失灵。企业技术创新很大程度上是生产技术和知识的活动，技术和知识存在较大的溢出效应，信息不对称会使企业在技术创新活动中随外部环境变化而在战略、生产、决策等方面采取不同的应对模式。

政策和制度因素对企业技术创新产生影响。如果一个国家鼓励市场竞争，减少限制竞争的政策，就有利于企业技术创新；相反，如果一个国家倾向于过度保护企业和产业，则可能不利于企业开展技术创新。在过度保护的政策与制度导向之下，高耗能、低质量和低效益的企业也能生存，因而企业会缺乏技术创新的外在压力。

政府在扶持政策、税制政策等方面的建设，会鼓励企业技术创新，并果断进行技术创新活动，加大技术创新投入；而政策的稳定性会促进企业持续、稳步和有计划地推进技术创新项目，更好地促使技术创新成果实现。政府的金融体系建设会提高资源配置效率，加速企业的优胜劣汰，能鼓励和促进企业进行技术创新，风险投资基金会催化、加速技术成果实现，降低技术开发风险。专利政策的完善会保护技术创新成果，为企业进行技术创新除去后顾之忧。

3.1.1 扶持政策

Mansf（1985）认为研发活动存在两个主要阶段，即研究阶段及开发阶段。研究阶段即新技术发明、试验和制造阶段，在这个阶段研发活动会存在大量溢出，因此政府应对这一阶段施行研发活动事前补贴，以弥补其溢出所带来的损失，同时降低研发活动成本，刺激企业进行研发活动动力。郑绪涛和柳剑平（2008）认为开发阶段则是对创新产品阶段商业化的过程，使企业能从创新行为中获得足够回报，在此阶段政府应该对创新成果予以优惠补贴，这样企业就有动力为社会带来期望的创新产品，同时也带来最优的社会福利。我国政府还直接对企业技术创新进行补助，主要包括政策、研发等无偿划拨的非货币性资产。政府补助在克服企业的财务危机和采纳新技术上效果明显。这些措施是在经济利益上直接对企业进行直接帮助，政府补助直接加大了企业原始创新的动力，因为其原始创新的动力就是取得更高的利润，也会促进企业对该技术创新项目保持下去。

3.1.2 税收制度

税收是国家取得财政收入的一种手段，凭借政治权力无偿征收实物或货币，税收同时也是国家参与社会经济产品分配的一种方式。税收具有无偿性、强制性和固定性的特征。税收的无偿性是指国家征税后税款为国家所有，不需要偿还给纳税人，同时也不需要向纳税人支付报酬，国家财政支出的无偿性决定了税收的无偿性。税收的强制性是指征税是国家通过颁布法规和制度来实施，任何单位及个人都不得违抗，否则会受到法律的制裁。税收的固定性指国家法律在征税前就规定了征税对象及统一的标准，并只能按标准征收。在国家的社会经济生活中，税收是国家取得财政收入的重要手段，是国家对宏观经济生活进行调控的重要经济杠杆。在不同的经济阶段，随着区域发展政策的不断调整，国家会充分发挥税收这一重要的经济杠杆来改变社会分配，从而达到扶持某些行业和经济行为，最终实现对社会经济发展的调节作用，税收状况通常与地区和国家经济的发展状况密切相关，税收的来源、比例及涨幅等数据会间接反映其地区经济发展的总体现状。

国内外在鼓励和扶持企业的技术创新活动时所实施的税收优惠政策，其方法各有侧重，旨在达到鼓励企业推动技术创新，加速技术创新成果迅速转化为现实生产力和经济效益。目前，常见的税收优惠政策主要有直接减免、按研发投入减免、加速技术创新设备折旧及建立科研发展准备金制度等（黄元生，2005）。我国政府近年来为了进一步推动企业技术创新，往往将上述措施交叉进行，根据不同的经济发展情况，更迭实施。我国建立了一批国家级、省部级高新技术开发区，为了推动这些地区的发展，普遍采取降低税收标准或几年内减免税收等，同时政府也会根据企业技术创新投入，按比例降低收税。我国还允许企业按销售收入的一定比例提取科技发展准备金，同时国家还从企业增值税及个人所得税等方面对技术创新活动采取税收优惠扶持政策。

在技术创新为核心竞争力的发展趋势之下,许多国家和地区都在探索一些更行之有效的税收优惠政策和政策组合,进一步推动本国企业的技术创新,特别是推动高科技企业的技术创新活动。

3.1.3 金融政策

很多学者从宏观环境、金融政策及国家或地方对于企业的经济开放政策等方面进行研究,这些对企业技术创新投入都起着重要的作用。同时也有学者发现稳定的通货膨胀率有利于企业技术创新活动。研究表明,企业研发活动会随着国家或地区金融活动的繁荣而呈正向影响作用。在国家政策方面,对外开放水平对企业技术创新投入也有影响。有很多研究学者认为,对外贸易的限制并不能有效地促进本国企业提高技术创新的水平,因为国内企业并不能得到国际知识的流入和企业间技术溢出。

3.1.4 专利权制度

从制度层面,研究普遍认为知识产权的力度与技术创新研发强度呈正相关关系,特别是知识产权制度对技术创新的研发投入起显著正相关作用 (Lederman et al., 2003; Zhao, 2006)。国内学者关于 FDI 对企业技术创新投入的研究表明, FDI 对其有促进作用。李晓钟和张小蒂 (2008) 通过实证分析,认为其中东部地区效果最为显著,中部地区次之,西部地区最不显著。

政府制度、服务、补助及金融等方面的政策,会为企业技术创新的技术实现过程提供动力、支持和保障。

3.2 产业链技术基础

从产业经济学视角分析,企业的技术创新是其所属产业技术链条上一个节点的创新,技术创新成果的实现与产业链条上垂直关系技术成熟度有着相关联效应。

3.2.1 产业链理论

"链"思想产生于万物关联和循环发展的自然现象。每个企业都是链条中的节点,从原材料生产、设备供应、产品制造、中间商直到最终客户,整条链条构成了一个连贯前后的生产关系,最终实现市场化,其中每个节点都是连接上下游企业的关节,任何一个节点的创新都会不同程度地带动整个链条的发展,最终形成产业创新集聚。

产业链理论其实质是产业中企业间的关联关系,而产业关联的实质是产业中企业间的供需关系。学者多从产业关联角度分析产业链的实质。产业链中存在着上下游关系和产业之间的生产价值交换,上游节点向下游节点输送原料、产品或服务,下游节点向上游节点反馈相关使用信息。在整个产业链条中,企业处于中心位置,企业与企业间、企业与其他创新活动主体之间存在相互联系和互动的关系。

本书着重探索企业与产业链的关系,因此采取刘冰和陈治亚对产业链的定义,即"产业链是在一定区域内,同一产业或不同产业某行业间,基于一定技术经济关联,同时以供需关系及投入产出关系为纽带,并按特定的逻辑关系和时空关系而形成的具有经济及社会价值增值功能的链网式关联形态"。产业链通常分为垂直的供需关系链条和横向的协作关系链条。垂直关系的供

3 影响技术创新成果实现因素研究

需链条是产业链的主要结构,各节点划分为产业的上、中、下游。产业链上游是产业的基础环节或技术研究开发环节,下游通常进入市场及营销环节。横向协作关系链条指产业相关配套问题。

3.2.2 垂直链条的技术基础

各大产业发展背后是技术发展,产业链背后是技术链,价值链背后隐含的实质是技术链(毛荐其,2007)。在企业技术创新过程中,技术本身存在承接关系,即"一种技术的获得与使用必须以另一种技术的获得与使用为前提",因此相关的技术与技术之间(或称为上下游技术之间)形成了一种链接关系。技术创新产品间同样存在上下游的链接关系,所以附着于这些产品中的技术也就随着产品的链接关系而形成一种技术链。产业中的技术链是产业内部以及产业之间在技术上存在着相互依存、相互衔接的一种技术"链条"(柳琦和丁云龙,2005)。在同一条产业的技术链上,上游技术节点与下游技术节点间在技术上相互联系,互为依存。在产业系统中的技术链,将技术创新生产过程中的有关企业都链接起来,突破了严格的产业边界,同时把整个经济系统都有机地整合起来。在此我们仅针对第一种技术链的解释予以分析。王发明和毛荐其(2009)的研究中提到,早期的技术链只有在发达国家内部才能形成。实力雄厚的大公司通过自主研发逐渐成为产业技术的先驱,从供应、采购、生产及销售,构成了完整的产业价值链条,自然发展成了产业技术链。

任何一种技术创新产品都不是单独一种技术就可以完成的,产业技术链是一个具备联系的产业集群链条,只有完成产品一个环节或部分环节的技术可以称之为生产技术,生产技术所集成的产业技术最终才能生产出完整的产品,生产技术是完成产品生产的一部分,生产技术链则形成了产业技术,同时生产出满足社会需求的技术创新产品(远德玉,2000)。因此,在企业实施技术创新时和技术实现中,如何选择时机来进行技术创新,与核心技术相关的技术是否匹配,特别是上游技术提供支持是否成熟,这都影响着企业技术创新时机的选择。

各种技术本身几乎都存在相互承接关系,也就是一种技术的获取和使用必须以另一种技术的获取和使用为前提。因此相关联的技术间会形成一种相互链接关系。产品之间会存在上下游的链接关系,同理,上下游产品中也形成了一种链接关系,企业是其所属产业的一个节点,企业的技术创新,对于一个产业来讲,是一个节点的创新,那么必然会受上下游节点技术发展程度的影响,每个节点的技术都支撑了整个产业的发展。

企业技术创新类型通常包括关键制造技术创新、核心元件技术创新和产品架构技术创新(洪勇和苏敬勤,2007)。关键制造技术创新是指关键设备的开发与设计技术、核心元件制造及终端技术产品加工过程中所使用的高端技术;核心元件技术是指核心元件的开发与设计技术;产品架构技术指在终端产品实现过程中使用的系统设计技术、芯片重组技术以及重要的组装和设计技术。

3.3 企业资源、管理及文化水平

企业在发展过程中,会形成自身独特的能力,独特能力能够成为企业整体实力的陷阱(Levitt and March,1998),也能形成企业核心的竞争力(Leonard,1992),其中独特的技术能力可能是一种惰性,但很强的技术能力则可能产生更多的技术创新(Burgelman,1994)。企业可支配的资源、企业技术基础及环境、组织环境及结构等都会影响企业技术创新的能力(Robert,Modesto and Steven,2004)。企业技术创新能力是企业进行技术创新的内在推动力。

3.3.1 可支配资源

资源基础理论认为企业是资源的综合体,资源禀赋的差异会导致企业异质性的存在,从而使企业竞争优势呈现出可持续性的特征。资源基础理论的假设包括"企业具有不同的有形及无形资源,这些资源可以转变为独特的能力;资源在企业间不能流动而且难以复制;独特的资源和能力是企业保持持久竞争优势的源泉"。企业的技术创新投入直接影响着技术创新的技术实现过程,特别是内生技术创新在研发阶段是一个需要大量资源投入的过程,在这方面不仅需要企业内部及经理人的支持,同时还需要政府的政策导向等,这些都是技术创新投入重要的影响因素。

资源基础论思想的前身是伊迪丝·彭罗斯(Penrose)[①]提出的"企业是资源的集合体,资源的异质性对企业绩效有着重要的影响"。20世纪80年代,随着市场环境追求利润最大化的影响,企业间的利润水平存在客观差异。新古典经济学的"零竞争"优势理论所假设完全竞争市场环境、企业都拥有完全信息、生产要素在企业间可以自由流动及获得相同的利润,无所谓竞争优势等都无法对当时经济环境做出合理解释。产业结构学派认为,过分强调企业的竞争优势源于外部产业结构特征,忽略了企业自身的异质性。Wernerfelt(1984)提出的"企业的资源基础论"正式标志着资源基础论的诞生,他认为资源包括企业的所有强项或弱项,均可被定义为半永久性附着于企业的有形及无形资产。Barney(1991)将企业资源总结为企业拥有的能提高其战略效果的物质资产、能力、组织流程、信息及知识等所有相关项目,同时还强调企业资源还包括人力资本及组织资本在内的所有正式及非正式资源。Prahalad和Hamel(1990)则认为企业真正的竞争资源是"关于如何协调不同的生产技能和有机结合多种技术流派的学识",而能力和知识仅被视为一般资源。

---

① 伊迪丝·彭罗斯:《企业成长理论》,赵晓译,上海人民出版社2001年版。

基于资源基础观理论，我们可以把影响企业技术创新基础能力总结为内部资源和外部资源，也可以区分为有形资源和无形资源。刘立（2003）将我国大多数企业技术创新前期开发投入当作是其内部资源的函数，将有形资源归纳为金融资源和物质资源，无形资源则可包括人力资源和商业资源等。

3.3.2 组织环境和文化

很多成功的企业多是高技术创新的企业，正如在《追求卓越》（In Search of Excellence）一书中被判定为卓越的43家公司中，有几乎一半的都能归入高技术或包含大量高技术成分，而在美国具有很高声誉的企业也多是高技术企业（Maidique and Hayes，1984）。在分析此类企业的成功法则的时候，除去他们由于其各自不同领域。面对独特的挑战的不同，他们的组织环境和结构具有一些共性：他们多具有组织的柔性和凝聚力、创新（创业）文化、良好的沟通能力和高层对技术创新的直接参与。

组织环境与技术创新之间有协同作用，组织环境对于企业技术创新基础能力形成有着重要和基础的作用。Vickery、Droge和Germain（1999）认为组织结构和环境决定企业的责任及权力分配、沟通机制、管理制度和流程，由此在技术创新决策、运营模式及效率上影响技术创新。Schilling（2004）提出组织环境在知识整合、组织内部交流及合作、员工创造力激发等方面对技术创新基础能力起着重要的促进作用。企业组织创新文化的核心在于激励探索、包容个性、鼓励创新、宽容失败（杜跃平和王开盛，2007），企业创新文化反映一种组织精神崇尚或认同，对于企业创新来讲，就是能最大限度地激励员工进行技术创新的文化，企业的创新文化是推动技术创新的内在力量。组织创新文化的形成不仅受到企业内部因素的影响，同时也受到外部文化氛围以及产业内部或行业内的文化网络影响。我国企业文化形成不仅会受到中国文化影响也会受到西方文化影响，这种影响是始于无形的，而形成后又是根深蒂固的。

3.3.3 管理能力

前文论述，技术创新是一个协调企业内部、外部及相关企业和组织的活动，其中最为重要的是协调企业内部的能力。在企业内部，创新产品理念产生、技术设计、制造、营销部门及工作人员间的精诚合作是很多凭高技术发展而成功的企业的法宝，如 AT&T 以及 IBM 等。

技术创新是一个长期和复杂的过程，需要企业中很多部门的配合和协作，不仅需要部门间对于此类业务的长期集中管理，同时也需要企业在技术变革初期有灵活性，同时为了成功还需要发挥出整个企业每个环节的精力和创造力，需要组织间和成员间的精诚合作和良好沟通，需要企业每个"螺丝钉"都有一种敢于变革勇于创新的精神。

创新概念自产生之日起，创新管理的范式经历了由机械线性观点的企业家单类创新管理到基于生态理论的群体创新管理，再到集成创新管理，最终形成了基于系统协同论的系统创新管理理论。该理论认为创新是一个系统，它涵盖了企业生产、经营、管理及组织各层面和各要素，相互之间彼此联系、彼此协同是创新取得成功的前提条件，随后 Daft 明确提出企业的技术创新和管理创新需要互相协同，才能使技术创新绩效最佳。因此，企业的管理能力对于技术创新基础能力形成有着重要的作用。

3.4 企业技术基础能力

每个企业在技术创新中，都面临不同的资源环境、组织环境及文化，以及管理能力，因此都形成了自身的技术基础能力，这种能力是独特的，根据文献分析，企业技术基础能力通常分为技术战略、技术搜索能力、知识转移能力和研发人员素质几个方面。

3.4.1 技术战略

战略对于企业来讲可分为三个层面，即企业战略、商业战略和业务战略。技术战略属于业务战略，是作为企业进行技术研究开发的战略。随着技术在企业内外部影响重要性的提高，技术已经不只涉及技术研发等部门的活动，还涉及创新产品的生产、营销的全过程的活动，涉及企业，成为企业战略决策的核心活动。技术战略是企业全面经营的手段之一，是战略的重要组成部分，技术战略的良好实施会在企业某种业务的产品和服务差异化方面，或降低成本方面发挥重要作用（Porter，1980）。从企业战略角度分析，技术战略不仅可以维持已有的产品差异及成本，同时也能为企业已有的业务和产品开发新产品和新市场，创造新的经济效益。程源和傅家骥（2002）将技术战略定义为"企业为了获取竞争优势，而进行的与技术相关的重要决策，这是企业技术选择的表现形式，这些重要决策包括技术获取、维持、利用、技术能力的水平和研发投入的力度等"。

技术发展战略重点是企业战略性的技术选择，其核心是如何构建和提升企业的核心技术竞争力，核心技术竞争力就是企业如何获得竞争优势，决定企业是否应该获取竞争优势的类别；技术战略核心在于企业如何构建和提升自身核心技术能力，技术战略主要目的在于通过有效技术资源的积累和培育，构建和提升企业核心技术能力。技术战略在企业产品和市场战略中配置技术，并找准技术的定位，从而获取基于技术的竞争优势；技术战略不仅涉及企业对各个技术领域的资源投入程度，同时也包含企业价值链的各种活动中所涉及和应用的技术。有学者（Hampson，1993）将技术战略实质内容总结为四项，即竞争战略层面、价值链、资源投入和组织管理。竞争战略层面主要包括技术选择、技术领先、技术进入和技术许可，其中企业是选择先进入市场还是跟随战略，是取得成本优势还是差异化优势，都属于技术战略研

3 影响技术创新成果实现因素研究

究的范围。技术战略不仅关注于企业相关技术存量与资源投入规模的细节性领域,同时也关注企业战略姿态,并创造全新的技术业务和竞争领域。

很多国内外学者都开始关注技术战略对企业创新绩效的影响,但是目前的研究仍然以规范研究为主,只有少数学者开展了以中国企业为样本的实证研究,而现有的实证研究存在一些局限性。Rieck 和 Dickson(1993)认为,企业技术战略就是指导企业通过技术的资源进行整合、分类和管理,来为企业取得竞争优势的规划。吴伟伟和朱彬(2006)认为,企业技术战略决定技术资源和潜力规划、组织结构调整以及内部管理模式,"技术管理能力包括技术资源管理能力、技术组织管理能力和技术质量管理能力"。郝生宾和于渤(2009)通过对国内 125 家企业进行实证分析,构建了技术战略对企业自主创新作用路径的理论模型,通过对企业问卷的调查和深度访谈,应用结构方程模型分析得出结论,研究结果表明,技术战略对企业自主创新的直接作用并不显著,技术战略是通过提升企业技术能力、技术管理能力和关系网络能力,而对企业技术创新产生显著影响的方式。

3.4.2 技术搜索能力

技术知识搜索是有效识别技术创新的信号,同时是把握技术机会的重要方法。企业需要构建自身的技术知识搜索体系。技术知识搜索在企业技术创新过程中处于最前端,这个阶段能有效地对企业内外环境进行有效监控,具有随时搜索技术创新机会的作用,同时也可以在现有技术知识的基础之上,促进具有突破性或渐进性的技术创新。

很多研究表明,行业特性的不同会导致技术创新的概率比其他行业更高,这主要是因为每个行业技术知识积累速度不同,变革难度也不同。技术机会就是用来反映不同行业技术进步的可能性的,它反映了在行业中、不同技术领域中创新的难度以及所需要成本的外生变化,而这些变化则取决于技术自身特性及技术发展的路径依赖性,同时也与技术自身所在的生命周期具有紧密联系。国外研究表明,在其他条件不变的情况下,较高的技术机会会促进企业的技术进入和技术创新者出现。基于利润和发展考虑,企业都希望通过技术创新活动来获取高的利益回报,因此技术机会高的时候,企业则更愿意进入内生技术创新活动;相反,技术机会低,则会限制新的技术创新者,会抑制企业的技术创新活动(Winter,1984;Jovanovic,1982)。

技术机会的把握并非对每一个企业都是平等的,出于对技术知识搜索的重视和系统的安排,每一个内生技术创新都是不一样的。技术资源具有溢出效应,同时具有全球流动性。技术日新月异,依靠技术扩散和技术挤出效应的共同作用,大大促进了新技术和新知识的产生和扩散。通过专利申报、科技期刊及技术报告等,新技术、新知识的供给量快速增加,尽管这些新技术、新知识能形成专利数据、科技期刊和科技报告等,但技术机会并不是包装好等待企业利用的(Shane,2000),企业也会因为自身技术创新实验知识、技术知识搜索能力和应用技术知识能力而对技术机会把握有很大不同,企业可利用技术知识搜索行为赋予自身更多的可选择的技术优势,能发现企业多样资源,同时搜索效率更高的制造方法、产品设计,从而获得技术先行者优势等(Katila and Ahuja,2002)。因此,具有把握技术创新信号,把握技术创新机会,具有前瞻性的技术战略制定和执行,是企业进行内生技术创新的基础和前提。

3.4.3 知识转移能力和研发人员素质

Teece(1977)首次提出"知识转移"概念,他从宏观角度出发,认为企业能够通过技术转移来积累大量跨国应用的技术知识。Dong 和 Kirschl(2005)通过对 ERP 实施过程中咨询方和实施方之间的相关"知识转移"的研究,认为"知识转移"是"知识在知识接收方和知识源(Source)之间的沟通,使知识能够为接收方所学习与应用的整个过程"。技术人员水平在很大程度上是一种知识转移能力的体现。

Szulanski（2000）认为知识在人员间传递的初始阶段，知识源是否可靠以及知识在转移过程中的困难是影响知识在组织内转移的重要影响因素。赵顺龙和吴思静（2009）认为知识源就是"企业技术创新人员在内部技术合作和工作的合作过程中互相学习，或在外部市场变化及新产品推出等所散发的新知识，从而创造了学习知识的源头"，影响知识源的主要因素有四个，即知识的可靠性、嵌入性、更新速度及获取的难易程度等。而在知识转移的下一个阶段，主要在以组织间成员的互相信任和利益互惠、知识的传递距离以及渠道的畅通性等为内生技术的创新过程中，人员合作创造了合作的平台（见图3-1）。

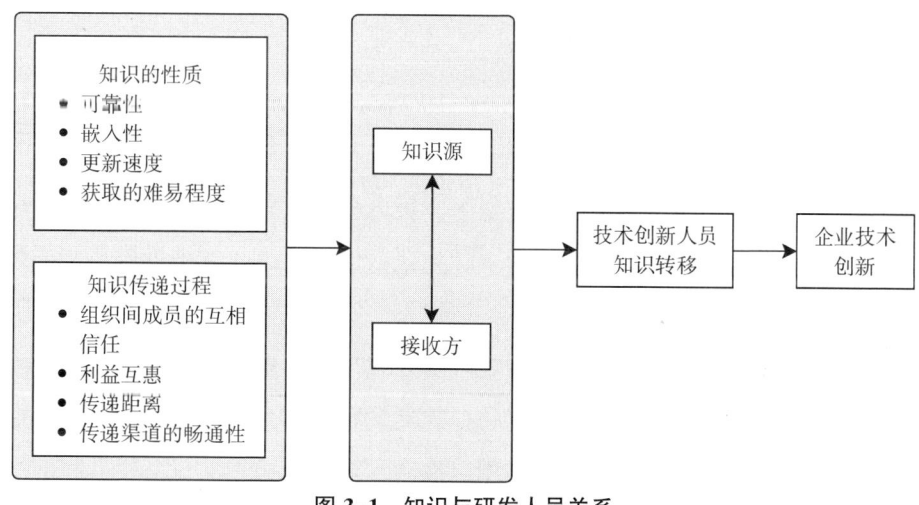

图 3-1 知识与研发人员关系

资料来源：笔者根据相关文献整理。

在企业技术创新过程中，研发人员的知识获取在技术创新过程中起着至关重要的作用。技术创新来源于不竭的知识驱动力，而知识往往通过企业内外部环境互动而获得。企业中知识的获取来源于三个方面：第一方面，主要起源于企业内部流通机制，知识在内部自然流通，通过沉淀后形成企业知识资本，由研发人员更新、整合后成为新的技术知识；第二方面，研发人员通过新技术市场化应用过程中知识的更迭，也会获取和提升技术水平；第三方面，研发人员通过与本领域其他企业研发人员交流，通过"溢出效应"得到新的知识。疏礼兵认为企业技术创新核心即知识转化，知识转化过程就是显性与隐性知识循环转化的过程，在这一系列过程中，内生技术创新人员之间知识分享、转移以及整合更新，将最终增加知识总体效用，从而使组织创新。研究进一步表明企业研发人员之间技术转移与现有的专有技能是企业在技术创新中所需知识的主要来源和动力。

3.5 管理者因素

技术创新的成功始终离不开企业高层管理者（简称管理者）的支持，管理者的支持是技术创新活动的必要因素。杨勇和达庆利（2005）认为企业技术创新需要投入巨额资金，然而却不能立即获得现金流，可是企业却能得到未来的增值机会，它具有不确定性，这种不确定性意味着企业将面临技术创新成功、未来技术的创新速度和创新程度等的技术不确定性以及新技术产出品市场需求的不确定性等一系列问题。此刻管理者的决策则起重要作用，他能集中企业资源，制定有利政策，用以推动项目实施，为项目搭建有利的平台。于骥认为，在影响企业技术创新活动诸多因素中，管理者对技术创新活动的有力支持是最重要的因素之一。

3.5.1 管理者持股比例

企业技术创新从某种程度上来讲是一项重要的投资决策，需要企业为此做巨大而持续的资金投入，根据"委托—代理"理论，企业管理者与所有者之间的利益越一致，那么经营者就会越有动力为企业的长期发展和价值最大化而努力工作,因此就会提高对技术创新活动的重视和支持力度。管理者应致力于企业的长远发展,而不关注于短期回报,这就意味着高管应具有把技术创新产品项目看成是企业未来市场增长的基础。所以高管应将市场潜力大的技术创新项目予以重视。

Jensen 和 Meckling(1976)认为在一定的风险条件下,管理者对企业技术创新活动的支持不仅取决于其创新和冒险特质、具备知识素养以及经历,同时更为重要的是取决于对管理者的激励,激励越强,那么管理者就越有动力进行技术创新活动。Francis 和 Smith(1995)和 Lee 和 O'Neil(2003)通过对技术创新投入与管理者持股变量进行实证研究后,都普遍认为股权集中度越高,则企业技术创新投入越多,而机构投资者对公司技术创新投入的影响并没有定论。冯根福和温军(2008)通过分析中国 2005~2007 年 343 家上市公司数据,认为管理者持股与企业技术创新存在正相关关系,但并不具有统计上的显著性。赵洪江、陈学华和夏晖(2008)对 2007 年深沪证券交易 7 个行业共 633 家上市公司数据实证分析后也得出相似的结论。Nakahara(1997)研究认为公司的治理结构与技术创新活动密切相关,而其中高管对企业技术创新的支持是非常重要的因素。

Wu 和 Tu(2008)因为股票期权是与公司绩效水平联系在一起的,虽然技术创新投入风险较大,但是它会给企业带来新技术、新产品,可以大幅度地改善企业绩效,从而使股票期权盈利,故在股权激励制度的薪酬体系下,CEO 会更愿意进行技术创新投资。同时研究表明,机构投资者会对经理人及其董事会决策造成影响,它会通过改变其构成而迫使经理人更关注企业的长期发展,从而倾向于企业的技术创新。董事会的规模和构成比例也会影响企业的技术创新投入。小规模的董事会缺乏足够的专业人员,过分依赖财务控制和短期目标,而会导致技术创新投入不足。规模大的董事会成员往往拥有不同的职业、教育和经历,有助于企业展开技术创新。目前很多企业增加外部董事的比例,这是一个更有效的决策,外部董事持股比例越高,那么企业技术创新投入资源也就越多。

3.5.2 管理者及组织架构

企业技术创新项目的成功不仅是一个技术创新项目组的功劳，也是整个企业高度配合的结果，管理者在对于构建有效的组织并实施方面具有重要的作用。其中包括技术创新项目团队、团队领导以及项目经理等组织架构的合理配置；同时也得益于各层次组织和团队的协调与配合。技术产品研发项目的成功往往得益于研发环节与市场环节的配合、技术创新项目团队中各组间的协作、创新项目中各技术学科的投入及项目团队管理者的导向作用。

企业技术创新产品研发项目团队中的管理者应具有足够的资格、权威以及投入，同时也应得到企业最高管理者的授权。在项目团队中，本技术领域的专家应提供有价值的、实质性的技术支持和服务。技术创新项目团队中，项目管理者和各级包括来自研发、采购、制造、工程、营销及财务环节的成员之间，相互之间应有有效、便捷的沟通和互动，同时这个团队也要与外部环节保持正常的沟通。

高管需要通过自身的权威和影响力来为技术创新产品过程和商业化过程予以支持，其中包括为技术创新项目构建有效的组织架构，包括任命合适的项目管理者、为项目团队配备各环节项目组成员，同时也应该对项目予以有效的支持。在任用项目管理者时，高管应给予对方足够的权威和裁定权，为技术创新项目构建适合的组织架构会正向促进企业技术创新活动和商业化过程。同时高管自身的特质也会直接影响技术创新商业化过程。

企业由于其所处的产业及行业环境、其资源基础、组织架构及其所有制特性决定了进入技术创新时机的时点，同时企业经理人的特性、管理层的薪酬制度及任期对于企业发展预期等因素都会影响企业技术创新的投入。

从企业层面分析，对于影响企业技术创新的时机，很多学者都已达成共识，认为企业规模、财务结构及所有制结构等都对企业决定技术创新投入有着影响作用。除此之外,企业长期的技术合作网络的发展也会影响企业的技术创新投入。一些日本和韩国学者根据其对本国企业的研究发现,企业冗余的资源对技术创新投入也有着影响,同时他们认为不同类型的冗余资源也会对企业技术创新类型的选择产生影响(见图3-2)。

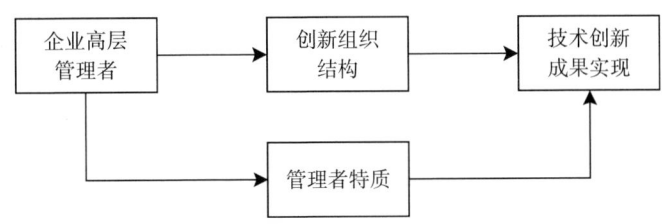

图 3-2 管理者与技术创新成果实现关联模型

资料来源:笔者根据相关文献整理。

3.6 技术创新成果实现影响因素分析

企业技术创新成果实现包括技术(知识)搜索、技术分析、组织建立、创新投入、研发及技术产品推出这一系列过程,每个环节都会因为其活动的特性而受到不同动因的影响,不仅包括企业内部技术能力和基础能力的影响,同时也受到政策环境、产业与市场结构和环境、技术进入壁垒等因素影响。

3.6.1 技术创新成果实现过程

本书综合前人研究成果将企业技术创新成果实现分为以下五个阶段,如图3-3所示。

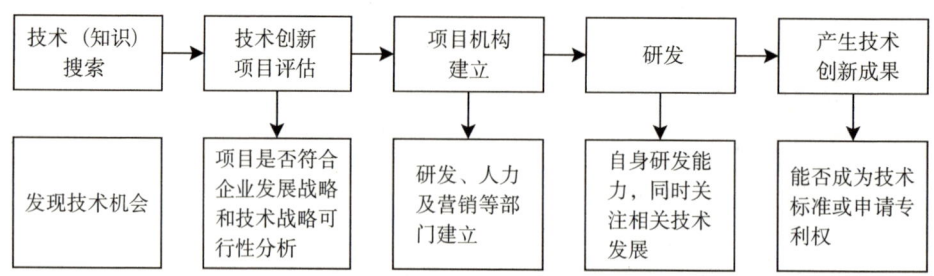

图 3-3　企业技术创新成果实现过程解析图

资料来源：笔者根据相关文献整理。

3.6.2　影响技术创新成果实现的"四因素"概念模型

在企业技术创新的技术实现环节，通过文献分析和理论推导，基于对制度理论、产业链理论、资源基础理论及技术创新过程的分析，本书认为企业面临政策制度环境、产业技术基础、企业技术基础能力和管理者经济及非经济因素对技术实现环节产生影响，本书将此概括为"四因素"模型（见图 3-4）。

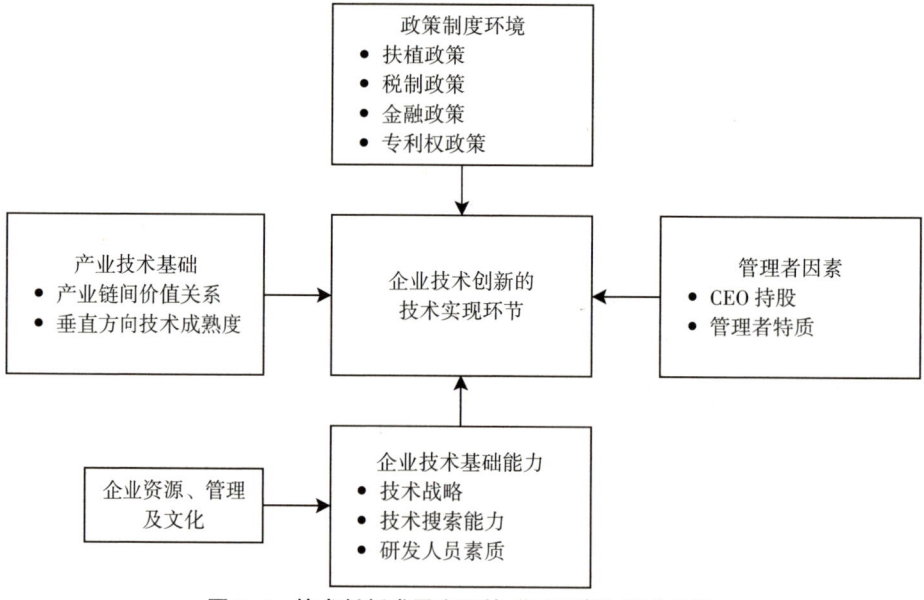

图 3-4　技术创新成果实现的"四因素"概念模型

本章小结

本章对影响技术创新成果实现的因素进行分析。基于制度理论原理，基于对制度理论、产业链理论、资源基础理论及技术创新过程的分析，并通过大量文献分析和理论推导，认为企业面临政策制度环境、产业技术基础、企业技术基础能力和管理者经济和非经济因素对技术实现环节产生影响，最后构建了影响技术创新成果实现的"四因素"概念模型，为后续研究奠定基础。

4 影响技术创新成果价值实现因素研究

技术创新成果价值实现的过程，就是技术创新成果成功市场化的过程。技术创新产品如何在目前竞争激励的环境中顺利进入市场，并取得经济效益是目前我国很多技术创新的企业面临的难题之一。创新产品已经完成，但是却因为市场、营销、销售或其他因素导致成果无法顺利市场化，这种情况对于企业来讲是很大的损失。基于市场结构理论、进入壁垒分析及营销视角的分析，通过文献分析和理论研究，在各影响因素中，市场结构、进入壁垒和企业营销能力会对技术创新成果实现环节产生影响。

4.1 进入壁垒

大多学者都认为（如：Bain，1956；汪伟和史晋川，2005；李平和于雷，2007），进入壁垒是指因为产业组织中产品的技术特性、消费者需求的特点及制度层面所产生的对在位企业有利而对潜在进入企业不利的因素。进入壁垒通常包括市场性壁垒和管制性壁垒，市场性壁垒主要包括"规模经济、产品差别化、绝对成本优势、技术"，管制性壁垒主要包括"行政性的市场准入制度、规制政策壁垒、法律壁垒专利法"（李平等，2007）。进入壁垒的难易度、价值和突破壁垒带来的价值都会作为关键的因素影响技术创新成果的价值实现。进入壁垒往往都与市场基本特征、企业规模等其他因素相关，同时行业进入壁垒高、壁垒适中及壁垒低都会对企业技术创新成果价值实现过程造成影响，这其中企业规模因素影响两者之间的关系因素。

4.1.1 进入壁垒类型

综合大多学者对进入壁垒类型的分析，进入壁垒类型主要包括：规模经济壁垒、产品差异化壁垒、绝对成本壁垒、技术优势壁垒及管制性壁垒五种。

一是规模经济壁垒。规模经济所形成的进入壁垒主要分为两种，即市场需求有限而引起的潜在企业进入壁垒和由规模经济效应所引起的生产和经营成本差别所产生的进入壁垒。在实证研究中，测定规模经济壁垒高度主要通过计算最优经济规模占市场总规模的比重，即"规模市场比重系数"。Bain（1956）对规模经济壁垒定义时强调了最小经济规模的两方面，即必要资本规模和必要技术规模，一旦不能达到以上两项的最低规模水平，那么企业就无法进入特定的产业并生存下来。汪伟等学者通过对吉利汽车发展的研究，对民营企业克服规模经济壁垒的两道鸿沟进行了分析，他指出吉利汽车通过"自我积累+民间融资"，跨越了资本规模的鸿沟；通过"模仿+局部创新"，突破了多个行业的技术壁垒并取得商业的成功。

二是产品差异化壁垒。产品的差异化程度是形成产品差异化壁垒的原因。产品差异化体现在物理、心理、服务与空间四方面，如果某产品在以上这四方面都存在显著的差别，那么该产品具有的产品差异化程度就较高，相应的产业差异化壁垒就较高。通常认为，农业原料的产品差异度较小，一次性消费品的产品差异度小于耐用品。

三是绝对成本壁垒。绝对成本壁垒指在位企业生产经营活动对重要资源，包括生产资料、物质资本、熟练技工及管理人员等的占有。通常，在位企业拥有稳定的规模与稳健的经营，因此它们在获取原材料、资本和技术等方面比潜在企业具有明显的成本优势。绝对成本壁垒通常划分为"对稀缺资源占有、资金成本优势、对专利技术占有、对销售分销渠道占有"四种主要类型。在位企业所占有与控制的资源越不易为潜在企业所获得，潜在企业面临的绝对成本壁垒就越高，反之则低。专利技术形成的绝对成本壁垒高度可由该产业技术创新支出的比重指标来反映，比重越大，产业内由专利技术所形成的绝对成本壁垒就越高。

四是技术优势壁垒。潜在企业进入市场需要技术投入，而技术通常为在位企业所独占，比如专利，它具有绝对排他性。特别是高技术产业的技术专利密集程度很高，拥有较高的技术壁垒。

五是管制性壁垒。市场经济条件下，主要是依靠价格机制对资源进行合理配置，在机制运行正常的条件下，价格机制能使资源配置达到最优，即"帕累托最优"，但在现实经济中因为不完全和信息不对称，使市场竞争不充分，而经济外部性等因素会使市场对资源的配置不合理，那么此时政府管制就成为调节经济的必要手段。改革开放以来，我国市场经济建设在逐步完善，但基于企业不同所有制下不平等的市场竞争仍然存在（文玫，2002），政府对很多产业采取非常严格的准入管制政策，形成了很高的政策性进入壁垒。对于潜在企业进入某一市场所存在的"资质认定"和"资格认证"，使企业所属的"成分"仍会因为国有大中型企业经营和国家信用的支持而具有明显优势。

4.1.2 技术创新成果与获取专利权

2010 年中国跻身全球国际专利申请四强，①世界知识产权组织数据显示，中国在《专利合作条约》框架下提出的国际专利申请由 2009 年的 7900 件猛

---

① 信息来源于新华网（www.xinhua.com）2011 年 2 月 10 日，根据世界知识产权组织公布的数据，2010 年国际专利申请数量排名前四位的国家分别是美国（44855 件）、日本（32156 件）、德国（17171 件）和中国（12339 件）。

4 影响技术创新成果价值实现因素研究

增至 2010 年的 12339 件，增幅达 56.2%。中兴通讯和华为公司分别以全球第二位（1863 件）和第四位（1528 件）进入全球国际专利申请榜。

专利制度具有排他性，拥有了一项专利也就拥有了市场。国家知识产权局的专利数据显示，① 以 2010 年为例，专利类型分为发明、实用新型和外观设计，国内专利申请来源分为个人、大专院校、科研单位、企业及机关团体，其中企业和个人是主要来源，占到 90%，企业占 50%以上。在华获取专利授权前三名的国家是日本、美国和德国，这些技术发达国家的跨国企业正是以技术创新为核心。截至 2010 年 12 月，国外在华申请专利，以跨国企业为例，根据国家知识产权局 2001~2007 年数据，专利制度是企业进行技术创新重要的法律保障制度，通过设置技术专利专有权的取得、交易、使用、保障与保护制度，从而调动人们进行科学技术发明创造的积极性和主观能动性技术标准（吴贵生和谢伟，2005）。

导致社会福利的缺失，这种缺失即是专利的静态无效率。这就是 Ordover（1991）所认为的专利既有动态效率，也有静态无效率。持此观点最早的是 Nordhaus（1969），各方通过专利的设计来测度专利的动态效率和静态无效率，希望达到社会福利缺失最小化的目标。

4.1.2.1 专利的研究维度

Nordhaus（1969）和 Scherer（1972）认为有限的专利的长度最佳，因为专利长度增加会导致企业间的技术创新激励越来越弱，同时社会的福利损失会越来越高。Gilbert、Richard 和 Carl（1990）则认为，无限长的专利长度是最优的，因为单位利润的社会福利损失与专利长度无关。

专利长度的增加会促进技术创新，从而促进社会福利的提高，同时也会使市场结构扭曲而降低社会整体福利水平。当专利的长度趋于无限大时，专利长度的增加对社会整体福利所造成的正效应会低于负效应，因此没有期限

---

① 资料来源于国家知识产权局官方网站信息，http://www.sipo.gov.cn。

限制的专利制度不可能是最优的。同样,专利宽度的增加确实会促进技术创新进而提高社会福利水平,而从另一方面来讲,专利宽度也会对市场结构造成更大的扭曲,会阻碍资源的有效配置,降低社会福利的整体水平。所以,一方面,有效的专利宽度应使追随仿效产品的质量水平不致太低,来保证其对专利产品形成潜在的技术和市场威胁,使得专利产品的价格会低于垄断价格,减少市场结构的扭曲;另一方面,专利宽度也应使得追随仿效产品的质量不要太高,而保证专利产品获得相对较高的垄断价格,继续促进技术创新。

4.1.2.2 专利与技术创新

专利制自其诞生起就受到其多学者的质疑,许多学者认为专利制妨碍科学技术的广泛传播,影响科学技术的自由探索。然而专利制的实施也确实激发了技术创新的专利权的有效界定,使技术被有偿利用,促进技术创新产品有效的商品化,从而顺利实现价值。

厉以平和蔡磊(1999)认为,产品的专利权对于技术创新而言,"具有技术、经济和法律三重意义"。诺斯和托马斯从制度学派视角出发,认为专利制度是"一套鼓励技术变化,提高技术创新的私人收益率,并使之接近社会收益率的激励机制,仅随着专利制度的建立才被确立起来"。专利权的重要性在目前全球经济的背景下日益显现,其重要性也被世界各国重视。

4.1.2.3 技术标准与技术的生命周期

技术创新促进技术的发展,而技术标准则是随着技术的发展而发展的。技术标准是平衡产业内低效率陈旧技术与推动技术创新的关系。

现代技术发展迅速,并呈现出系统化和网络化的特点,技术的生命周期迅速缩短。技术的迅速变化为技术标准提出了新的目标和方向。技术创新的速度决定了技术标准更新的频率。技术呈现的网络化特性,使技术标准更多地出于商业动因,即价值实现。正如电子邮箱初次出现的时候,其价值近乎于零,而随着其用户增多,电子邮箱的价值也随之提高。在网络外部性强的产业,因为通过确立和影响技术事实的标准,能在一定程度上预知未来的技

4 影响技术创新成果价值实现因素研究

术标准,从而降低企业被市场淘汰的风险。

企业如果拥有一项能成为技术标准的技术,就会给市场发出信号,此项技术会成为未来主导技术,那么企业同时也会获得绝对的市场份额和价值收益。有很多大企业都是通过建立事实标准来控制市场竞争的。如果产业内存在多重的技术竞争,特别是IT行业,会给未来技术发展带来不确定性,从而会影响技术创新成果不能迅速被诸多消费者及终端用户接受。

4.1.2.4 技术标准与技术创新成果的价值实现

先进的技术标准会促进产业内技术的发展。技术标准是将不同的企业进行的不同的技术创新一致化与同步化的过程,形成产业内系统的技术创新,最终提供有效用的技术创新产品给终端用户或消费者,从而创建、发展成熟的技术市场。一旦技术标准建立,制造商与终端用户和消费者会按照标准进行生产与发行,这样会减少市场不确定性,因此技术标准有利于技术的发展。

也有学者认为技术标准对技术创新成果价值实现无效,"在一个产业中,市场过度停留在一种落后的技术标准上或者过早地转向另一种新的先进技术标准都可能导致技术创新的无效率"(胡慧芳,2010)。

4.2 市场结构与环境

市场结构是指在特定的产品市场中,企业的销售额在整个产业经济的总量中所占的比例,这个比例反映了该企业所具有的经济实力、地位和市场支配力。市场结构主要包括市场集中度和企业规模,市场环境主要包括市场竞争格局和顾客群等因素。

4.2.1 市场集中度

市场集中度的不同体现了市场上企业之间垄断和竞争的差异程度。在某产品市场中企业数目越多，每个企业所占比重越低，那么它的市场集中度就越低，市场的竞争程度就越高；反之，市场集中度越高，则该产品市场的竞争程度就越低。

市场集中度与技术创新之间的关系是一个重要的研究课题，研究的重点和分歧都在于市场处于一个如何集中水平会更有利于企业最终实现技术创新。Caves 和 Masu（1976）通过实证分析认为市场集中度与技术创新之间存在正相关关系，虽然两者之间的相关系数并不大，但这表明二者间存在着弱正相关的关系。但是也有学者认为，存在较高市场集中度和垄断程度会影响企业技术创新的动力，也就是说，市场集中度与技术创新密集度之间存在着负相关关系（Geroski，1990）。也有学者认为在技术机会较高的产业中，市场集中度和技术创新间是负相关关系。而部分实证研究（如 Globerman，1973）在加入了技术机会分析等变量之后，市场集中度对技术创新的影响敏感度大幅下降，这表明市场集中度和技术机会对技术创新的影响并不是相互独立的，即市场集中度似乎并不能作为技术创新成功的解释变量，相反是技术创新的成功而导致市场份额扩大，从而引起了生产集中，最终市场集中度提高（Scott，1984；Geroski，1990）。还有学者通过分析认为，存在一个最佳的市场集中度区域，如果超出这一区域，技术创新活动就会随市场集中度的上升而减少，因此市场集中度与技术创新两者呈倒"U"形关系。

国内学者对于市场集中度和技术创新的关系研究也集中于行为和动因影响，在对上述关系的研究中，他们结合了产业技术的特点，按市场集中度将产业归为高、中、低度不同的产业集群，并在此基础上分析了各产业集群的技术创新（刘国新和万君康，1997）。

4.2.2 企业规模

关于企业规模对于技术创新的影响,学者们多关注其对技术创新初期投入的影响。持这种观点的学者普遍认为,企业技术创新投入主要由企业的研发能力和投入倾向共同决定,而研发能力和投入倾向在很大程度上与企业规模相关。Schumpeter(1942)最初开创性地提出创新理论,并认为只有大企业才可能负担得起技术创新费用,同时表明规模较大而多元化的企业能通过大范围的技术创新来对冲失败。Galbraith(1952)和 Kap Lan(1954)研究表明,规模大的企业是引导技术变革的最有效的载体。Lall(1992)和 Scherer(1980)都认为技术创新活动从本质上来讲,需要巨额资金和资源进行支持,同时创新成果则都伴随着难以预料的巨大风险,而大企业比小企业具备更大的抗创新风险能力。企业技术创新中,理论界认为对企业技术创新投入强度影响最大的因素是企业规模。Worley(1961)认为企业规模扩大会导致技术创新投入增加速度加快,大企业在单位规模内实现了更多的技术创新;Soete(1979)在研究中发现技术创新经费与企业销售额的比例会随企业规模扩大而增加,尤其在职员超过5000人的大企业中更明显。Cohen 和 Klepper(1992)研究认为企业规模与一种随机过程共同作用而决定了技术创新强度及费用。

基于上述研究,Chang-Yang(2002)认为,企业技术创新持续投入的主要决定因素是企业技术基础能力,企业规模是通过技术基础能力与技术创新的持续投入强度发生间接联系的。

同时在学术界也认为,企业规模与企业技术创新存在着极其微弱的关系(见图 4-1)。吴延兵(2009)认为早期实证研究普遍认为两者间只存在一种较弱的正相关关系,或两者之间并没有必然的联系。Scherer(1965)研究认为企业规模与技术创新投入人员数之间呈现倒"U"形函数关系,而随着这方面研究的深入,后来的学者发现,在模型中加入了一些影响因素,或使用

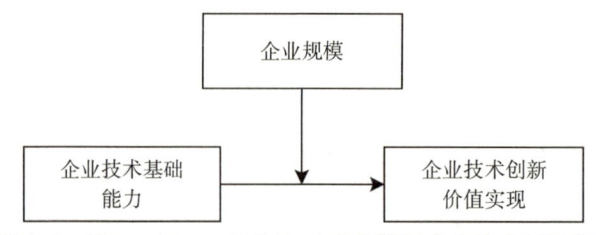

图 4-1 Chang-Yang（2002）企业规模与企业技术创新关系

资料来源：Chang-Yang, L. Industry R&D Intensity Distributions: Regularities and Underlying Determinants. Journal of Evolutionary Economics, 2002, 12（3）: 307-341.

特定产业数据时，这方面的关系比较显著。后来有学者利用中国数据，针对技术创新投入做了相关研究，Jefferson（2006）通过对中国 1997~1999 年 5451 个大中型制造企业面板数据的实证研究，表明企业规模对技术创新投入并无显著影响；安同良、施浩和 Ludovico Alcorta（2006）运用江苏省制造企业调查数据，通过实证统计分析认为，大中小企业的技术创新投入强度存在着倾斜的"V"形结构关系；吴延兵（2007）通过对 2002 年中国制造业数据研究发现，市场集中度与技术创新投入之间不存在相关性，而企业规模与技术创新投入之间有显著正相关关系。随后有很多学者对于企业规模与技术创新投入关系进行深入分析和分阶段研究，高良谋和李宇（2009）认为形成学术界对于两者关系截然相反观点的根本原因在于，组织惯性使大企业沿袭现有技术轨道实行定向性技术创新，而竞争性市场则促使小企业突破现有技术路径而实现非定向性技术创新，而学术界所认为的两者之间倒"U"形关系的形成机理在于，组织变量与市场力量对不同规模的企业技术创新选择性互动作用的结果，同时还提出基于分区处理的多周期倒"U"形关系动态模型，解释了不同规模企业互相转化过程中企业规模和技术创新的动态连续关系的理论因素。

从市场结构和企业规模角度分析对企业技术创新的影响，往往需要把将企业所属的产业类型予以考虑，对于对技术较为敏感的产业，企业小则最可能成为技术创新源，企业规模大可能反而不利于技术创新。而相反对于资金敏感的产业，或者是对于技术和资金都敏感的产业，企业规模过大和过小都不利于企业内生技术创新，企业处于中间规模则更有利于技术创新的开展（见表4-1、图4-2）。

表4-1 产业类型下的企业规模与技术创新关系

产业类型	利于技术创新的企业规模	企业规模与技术创新的关系	产业类型代表
技术型	小	反相关	IT业
资金型	大	倒U曲线	纺织制造业
技术+资金	大	倒U曲线	航空航天业

资料来源：本书根据刘鹏、旷毓君和匡兴华（2006）文献整理。

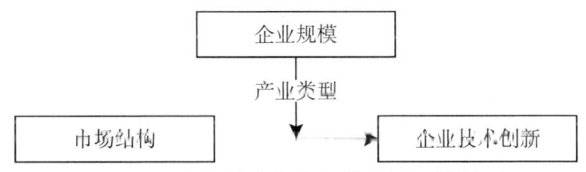

图4-2 市场结构与企业技术创新的关系

资料来源：笔者根据相关文献整理。

4.2.3 水平企业间的技术替代作用

市场竞争环境会影响企业技术创新时机的选择，正如彼得森提出的"研究与开发"和囚犯的两难境地。同处于一个产业的具有竞争关系的两家双头垄断企业，每家企业都面临两种选择，即选择技术研发降低生产成本，或不研发而节省研发成本。如果一家企业降低了成本而另一家未降低，那么效率高的企业就具有了市场上的竞争优势，而如果两家企业都降低了成本，这一节约的度就让利给了消费者或下游企业，企业自身得不到效益。这个有趣的研究也揭示了，企业做出技术创新的时机选择时，会关注同类企业的研发选择和进度。在同一个产业，具有竞争关系的企业往往具备相似的技术基础和水平，大多数情况下，技术投资时机也几乎被多个竞争企业同时拥有。

在经济学上，将两种产品在市场上存在相互竞争的销售关系，即其中一种产品销售量的提高会降低另外一种产品的潜在销售量关系的产品互相称为替代品。对替代品的判别可根据交叉弹性系数正负号来表示，当交叉弹性系数为正，即其中一种产品价格提高（也即销售减少）会引起另外一种产品需求量增加，存在这种关系的两种产品即是替代品。在技术创新产品价值实现的过程中，作为核心企业要推出技术创新产品，往往需要分析处于同一细分市场上的其他企业，即存在替代关系企业对于此项产品的研发水平、研发成熟度和推出市场战略。

如果与企业技术创新产品存在替代关系的产品具有较高盈利性，那么该产品会对本行业或产业原有产品形成较大压力，该产品的推出会把本行业的产品的价格水平制约在较低范围内，那么就会使本行业中其他企业在竞争中处于被动地位。如果生产替代品的企业采取迅速增长销售量的积极发展战略，那么它会对本行业内其他企业造成威胁；如果终端用户或消费者改用替代品的转换成本很低，那么替代品的发展对本企业的压力会变大。

两个企业会由于所生产的产品是互为替代产品，之间产生相互竞争关系，这种源于替代品的竞争会以各种方式来影响行业中现有企业的竞争策略和战略。现有企业产品的售价及获利能力会因为存在更易于被终端用户和消费者接受的替代品而受限制；同时由于替代品生产者的侵入，使得现有企业必须提高产品质量，或通过降低成本来降低价格，或使产品更具特色，否则其销量和利润都会受到影响。因此，如果替代品性价比高，用户转换成本低，那么其产生的竞争压力也就越强。

企业技术创新产品投入市场时机的选择受多方因素影响，在投放市场环节应考虑同行业内企业此项技术的研发水平。在技术实现时期，我们关注的是与企业有纵向联系的节点，而在价值实现环节，我们应着重关注横向企业的节点，对其他企业予以关注和分析。

在目前研究中，很多学者都注意到了企业间竞争对于企业技术创新的影响，特别是对技术创新投入的影响。同时也有学者通过运用1994~2002年期间 34 个大中型工业企业的面板数据,对企业规模和产权变量设定不同的衡量指标,然后发现,企业营销额收入的增加有利于企业技术创新投入的增加,但对于技术创新价值实现与同行业企业技术发展程度的关注还不多。

随着经济的发展,从事行业创新技术发展的企业数量不断增加,企业间的技术竞争日益激烈。同行业企业,特别是高新技术企业都会从事技术创新。企业在技术创新时,往往会通过市场调研等方式获取同行业其他企业技术发展水平情况,同时通过对存在竞争水平的企业常年进行销售、宣传数据的跟踪,对其企业技术创新的水平和程度进行分析。企业可以通过研究存在竞争关系企业创新产品的销售增长率历史、市场占有率情况等方式,直接判断其技术发展所处的周期;也可以通过采取类似创新产品的销售量,间接评估该创新产品在未来市场中会有的变化,通过这些结果分析企业技术创新水平。如果竞争企业技术也发展成熟,拟推出市场,或尚未成熟还未打算推出市场,或对方技术已成熟但未打算退出市场等,都会对己方企业技术创新价值实现环节有很大影响。

4.3 营销能力

技术创新成果商业化的成功与营销能力,是学术界在研究"营销能力"问题时多会关注的问题。Song 和 Neetly (1996) 认为,在技术创新产品处于研发阶段时,消费者需求和市场竞争等因素就应该被考虑到并整合进创新产品的创意过程中。企业创新产品的营销能力对于辨识正确的创新方向和商业价值起到至关重要的作用。企业技术创新来源于对新技术的商业潜力挖掘,而终于将其完全转化为商业化产品则在于营销的过程 (Zahra and DAS, 1993)。企业技术创新活动是否能成功商业化,直接影响企业的技术创新绩效,营销能力在此过程中起着重要的作用。通常技术创新产品商业化的成本来自两个方面，即生产单位的投资成本和及时将技术创新产品成功投入市场，这是创新能否成功的关键。

4.3.1 营销能力与技术创新成果价值实现关系研究

4.3.1.1 正向作用

当然，对于营销能力对企业技术创新的影响，也有很多学者持正向观点。上面提及的"Christensen悖论"将企业具有卓越的营销能力作为制约其发展的重要因素，而通过观察，我们也会发现致力于技术创新的企业往往也具有较强的营销能力，比如微软、戴尔、海尔、联想、华为等企业。

对于营销能力对企业创新影响的实证研究并不多见，其中Weerawardena（2003）基于国外企业发布的量表，对企业各种创新类型下的创新强度进行了验证，认为营销能力对技术创新强度呈正向显著性影响。技术创新的风险评估和对技术创新商业回报同时也都是受企业营销能力影响。我国很多企业都会在技术创新产品方案初期充分重视营销部门的意见，如果营销部门并不同意，那么创新方案也将被搁置。国内学者中，于建原等（2007）通过对四川省企业进行大样本问卷调查，采取截面数据分析，认为企业的内生创新可以分为内生创新欲望、内生创新预期和内生创新绩效三个部分，三者之间是相互关联的行为逻辑过程，通过实证分析，认为营销能力对企业技术创新过程存在正向显著的影响。

4.3.1.2 负向作用之"Christensen悖论"

德鲁克认为企业都具有营销与创新两项职能。因此，营销与创新也被众多学者认为是企业成长和生存的动力。从进入我国市场的海外企业发展来看，例如IBM、NOKIA、SONY、APPLE等，无一例外都具有强劲的营销能力，有力地占据着我国的市场。营销能力强弱对创新产品具有正向还是负向的影响，学术界存在不同的看法。从营销学角度出发，很多学者认为营销对技术创新具有积极正向影响，并采用实证研究方法证明了该论点，而也有学者从组织行为角度出发，认为营销能力对技术创新具有负向影响，Christensen（1997）认为企业在面对市场与技术重大变革的时期内，那些精于管理著称的企业却无法保持其在各自行业领域中的领先地位，这些企业无可避免地遇到困境，比如王安电脑（Wang）被新出现的康柏（Compaq）打败，而强大后的康柏又被新崛起的戴尔（Dell）打败；强大如 IBM 这样的企业在 20 世纪中叶，也因受到苹果（Apple）的竞争而濒临破产的边缘，因此提出管理越好的企业反而越容易被小企业打败。这就是"Christensen 悖论"，其形成原因是大企业为了维系自身在行业中的领导地位，因此"不得不取悦最有价值的顾客"，而这也恰恰使得这些营销能力强的企业一味"讨好顾客"，而不愿进行"颠覆性创新"（Radical Innovation），当市场上一旦面临实行"颠覆创新"企业的竞争，则会无法与之抗衡而受到重创或消失，即营销能力对企业技术创新具有负向作用。

具有很强营销能力的企业往往密切了解和掌握客户（顾客）对其自身产品的评价与改进建议，并且不断"遵循"顾客反馈建议对产品进行改良，因此此类企业随着营销能力的增强，往往会偏重于考虑向企业提供"服务满意"的产品而非创新产品，固守顾客导向的营销理念，将与顾客保持良好关系当作企业存亡的决定性因素，而不重视技术创新的重要性，更无法谈及突破性和颠覆性的技术创新。因此"Christensen 悖论"的理论命题，即"营销能力是企业技术创新的最大阻碍力量"。

4.3.2 消费者/终端用户因素

技术创新产品相对普通新产品而言，不仅影响消费者对于新产品消费偏好、消费者的品牌忠实度及消费者偏好，对于新产品进入市场也具有影响。技术创新产品进入市场，要求产品的消费者及终端用户学习新产品涉及的技术，也就是技术学习。

企业在选择将技术创新成果价值实现的时机时，会根据目标消费群体的构成和需求来选择推出时机，同时也根据目标消费群的构成及其所占比例来选择最为恰当的时机推出技术创新产品。根据消费者接受创新相对时间为标准，"消费者可以划分为创新型、早期采用型、早期多数型、晚期多数型及落伍型五种类型"(Everett Rogers, 1995)。其中创新型是最为冒险的，他们会愿意付出风险来试用最新的创意；早期采用型消费者通常是被尊敬所支配的，他们往往是社会上的意见领袖，他们会较早采用新的创意而其态度则谨慎而仔细；早期多数型的顾客态度相对慎重，虽然他们并非意见领袖，但相对普通顾客较先采纳新创意；晚期多数型顾客通常所持的是怀疑观点，他们需要大多数人都已试用新创意后才选择采纳；落伍型顾客由于受到传统思想的束缚，他们总会怀疑任何变革，他们只会在最新创意已变为传统后才会采纳它。有学者通过实证研究后认为，消费者的消费构成和消费偏好与技术创新呈现显著正相关关系。Chang-Yang（2003）通过研究发现，决定企业技术创新的因素有需求和技术两个方面，他的实证结果表明消费者偏好与企业技术创新活动呈现显著正相关关系。

当技术创新产品推出市场时，需要考虑消费者及终端用户在使用技术创新产品的过程中的效用。同时在这个过程中，他们需要通过以往经验来学习新产品的应用。在技术创新产品中，技术学习成本是经验的重要组成部分，在新技术的采用和扩散中起到重要作用。潜在用户使用新技术需要开发相关的技巧。"学习成本"是指使用者转向一个新产品或新技术时损失的生产率。

顾客或终端用户在使用技术创新产品时，如果具有与新技术知识相关技术基础的学习者，需要克服的障碍少，学习效率高，顾客学习成本低，而不具有技术创新产品所涵盖的技术基础的顾客，需克服的技术学习障碍和所花费的学习时间与学习成本则非常大。所以，顾客和终端用户在选择使用创新产品时，希望自己已有的知识技术基础与技术创新产品的知识具有关联性，原有技术知识的层次、结构和基础，在很大程度上决定了今后应用和学习技术的种类;同时他们也希望能不需要花费更多的时间和精力,还能重新学习一门开创性的技术知识。故而,不同的顾客(终端用户)在选择技术创新产品的时候,会存在路径依赖性。例如,顾客选择计算机系统或者文字处理软件时,往往会跟随特定品牌而忽视价格的敏感性,因为更换系统或文字处理软件会导致学习成本提高。

因此,顾客(终端用户)学习成本的高低,会影响技术创新产品的推出和发行。在学习成本的作用下,顾客(终端用户)通常会沿着自身技术知识积累比较多的领域来选择创新产品。

目标消费者的构成会直接影响企业技术创新成果的商业化进程和结构,同时对于创新技术学习的成本也会影响企业内生技术创新产品的成功商业化。在这之中,创新技术的类型会影响消费者使用和接受新的技术(见图4-3)。

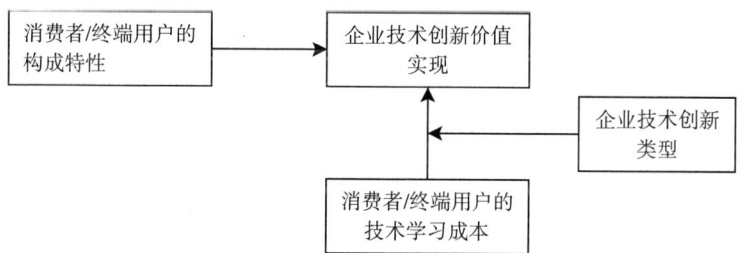

图4-3 消费者/终端用户与企业技术创新价值实现的关联模型

资料来源:笔者根据相关文献整理。

4.3.3 营销能力与企业技术创新价值实现的关联模型

关于营销能力对企业技术创新商业化的影响,学术界有截然相反的意见:企业技术创新可以大致分为渐进性创新和突破性(颠覆性)创新,大多数企业突破性(颠覆性)创新往往少于"渐进性"创新,所以营销能力对企业技术创新影响的正向作用则会更多地显示出来,而"颠覆性"创新所导致的市场环境的高度不确定状态,会让企业营销能力的负向作用得以显现。因此,市场环境的稳定性和动荡性会影响企业营销能力(见图4-4)。

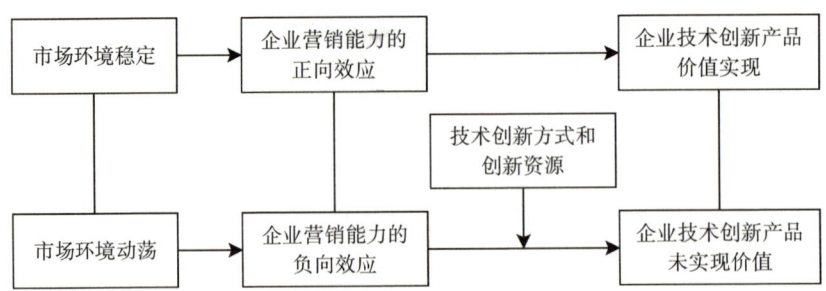

图 4-4　企业营销能力与企业技术创新价值实现的关联模型

资料来源：笔者根据相关文献整理。

4.4　技术创新成果价值实现影响因素分析

企业技术创新成果价值实现包括壁垒分析、市场调研和渠道分析、顾客分析及产品推广，最终实现技术创新的经济效益。通过文献分析，在这个过程中很多因素会对其产生影响，各因素都会基于企业技术创新成果的技术特性，对技术创新价值实现产生影响，这些因素包括进入壁垒、市场结构与环境及企业营销能力等。本书将基于"四叶苜蓿模型"（Clover Leaf Model），提出影响技术创新价值实现因素的"四因素 2"概念模型。

4.4.1　"四叶苜蓿模型"

对于技术创新价值实现过程的研究，其中较为系统的是 Louise、Elieen 和 May（2001）。他将企业技术创新成果商业化的影响因素归纳为"四叶苜蓿模型"（Clover Leaf Model），对衡量企业的技术商业化提出了初步的指标，该模型认为市场的高吸引力、高新技术、企业与技术和市场协调及配合能力、企业的竞争优势等是衡量企业技术商业化的重要指标。模型提出了评估技术创新中技术能否成功进行商业化转换因素，即技术实力、市场吸引力、商业化渠道及管理层的支持。不同的研究者对企业技术创新商业化提出了不同的评价方法、规则和模型，通常涉及两层，一是将技术创新成果转换成市场能接受产品的能力与速度，二是技术创新成果的盈利前景（见图4-5）。

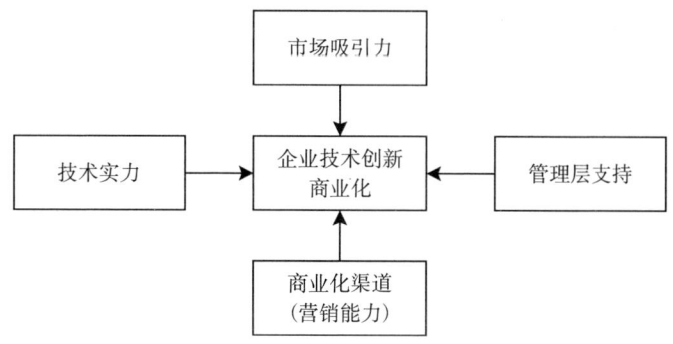

图4-5 "四叶苜蓿模型"

资料来源：Loulse, A., Elleen, M., May, G. Development of a Technology Readiness Assessment Measure: The Cloverleaf Mode of Technology Transfer. Journal of Technology Transfer, 2001: 26.

4.4.2 影响技术创新价值实现因素概念模型

基于"四叶苜蓿模型"，本书构建了影响技术创新价值实现因素概念模型，如图4-6所示。

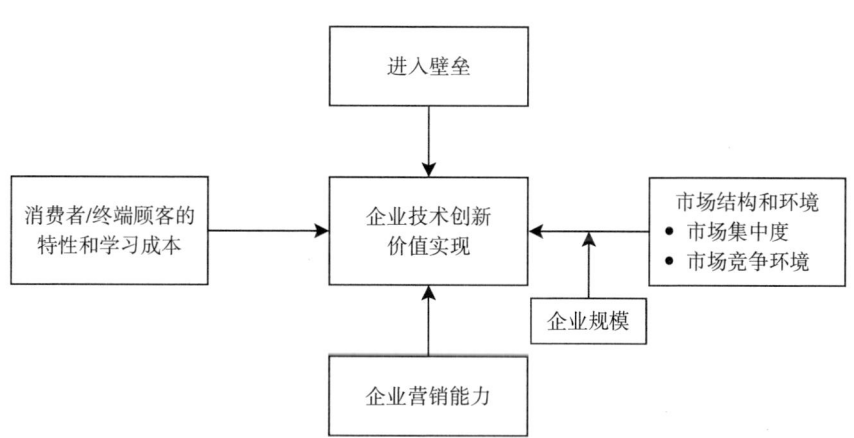

图4-6 影响企业技术创新价值实现"四因素2"模型

企业技术创新时机选择问题研究

本章小结

本章对影响技术创新成果价值实现的因素进行分析，通过大量文献分析和理论推导，基于市场结构理论、进入壁垒理论和营销理论，对技术创新价值实现过程进行分析，认为进入壁垒、市场结构和环境、企业营销能力和消费者/终端用户特性和学习成本对价值实现环节产生影响，最后构建了影响技术创新价值实现的"四因素2"概念模型，为后续研究奠定基础。

5　研究假设与研究设计

在理论分析和相关实证研究回顾的基础上，本章首先构建本书的理论框架与命题，提出企业技术创新时机选择的影响因素模型。结合研究目标，针对概念模型中的关键变量及其关系进行研究假设和推导。

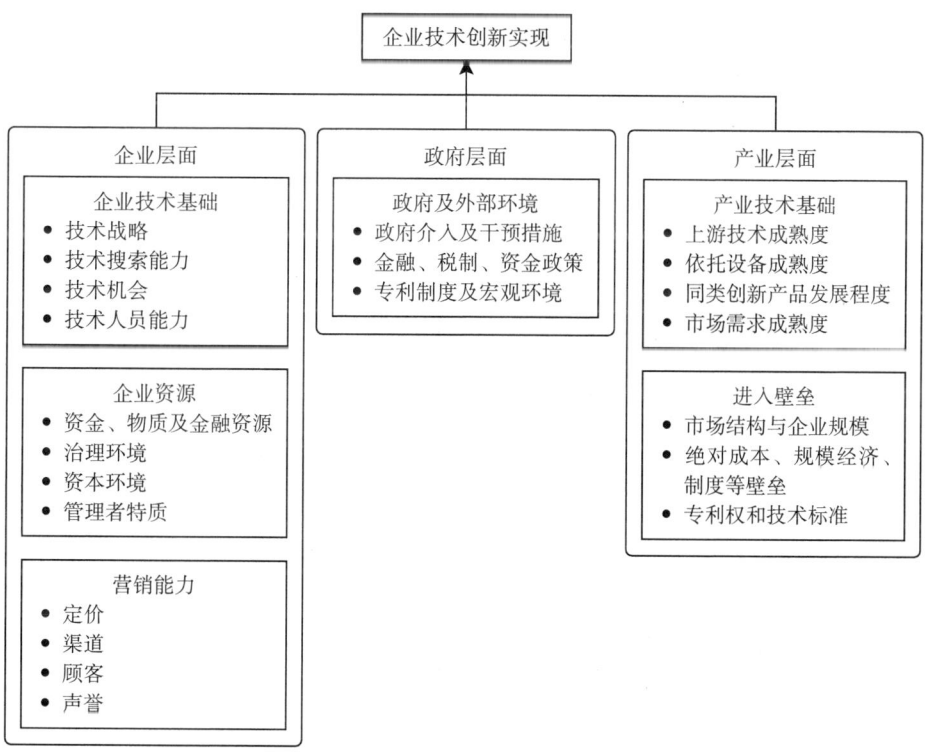

图 5-1　影响企业技术创新实现的企业层面、政府层面和产业层面的因素总览

企业技术创新时机选择问题研究

5.1 研究命题与模型

技术创新是企业提高竞争力和实现可持续发展的重要因素，因此技术创新始终是企业重要的关注部分。关于影响企业技术创新因素的研究，在学术界是一个重要的议题，国内外学者对这方面的研究是多方面的、多维度的和多层次展开的，了解什么因素影响企业技术创新时机，在减少企业技术创新风险、增加企业技术创新收益、提高企业综合实力方面有着重要的实践和理论意义，因此学术界和实务界也都将其纳入研究范畴。本节将首先明确研究命题，再勾画出本书的概念模型（见图5-1）。

5.1.1 研究命题

通过文献分析，完整的技术创新过程涵盖了从技术挖掘到最终技术创新成果成功商业化的整个过程，本书将这个过程区分为前后两个阶段，即技术实现阶段和价值实现阶段。技术实现过程又分为技术创新意愿、研发和技术创新成果完成三个阶段；价值实现过程则主要包括推出市场和成功获得经济价值两个过程。

我们通过文献分析的方式将影响这两个阶段顺利完成的主要因素进行了分析，初步得出了以下结论：

第一，政府政策和制度环境，主要包括政府关于金融、税制和货币等政策所形成的外部环境会影响企业技术创新的整个过程，特别是技术创新意愿产生、创新投入、企业资源支持力度和产品推出市场时机，同时政府对于专利制度等相关法律建设和完善度对企业技术创新技术实现也有影响。

第二，产业与市场结构和环境是企业赖以生存的市场、产业和行业的基础，

5 研究假设与研究设计

其所处垂直链条技术成熟度、所依托设备的成熟度、市场需求成熟度都会影响企业技术创新时机的选择。第三,企业技术基础能力是贯穿于企业技术创新整个过程的核心能力,它受到企业可支配资源、组织环境、管理能力等因素的影响和限制,对于企业来讲它是技术创新过程中的内部和基础性因素。第四,进入壁垒对企业技术创新价值实现有着重要的影响,壁垒的价值、技术壁垒破除和设置技术壁垒都会成为企业技术创新对于技术选择的重要影响因素,技术创新成果申请专利或会成为行业内技术标准壁垒设置的重要方面。第五,在企业价值实现的过程中,有学者将此阶段定义为技术创新进入市场时机问题,多从营销能力、产品技术水平和管理层支持等方面入手,营销层面的客户群的技术基础,营销能力中对于市场技术调研方面的能力、渠道和良好声誉对于创新产品价值实现的重要影响因素具有影响。第六,市场结构和环境对企业技术创新价值实现过程有着影响作用,特别是水平企业间技术替代因素、市场结构和市场上消费者/终端用户的特性等。第七,管理者因素对企业技术创新整个过程的影响主要从两个方面体现,即 CEO 持股比例和管理者特质,CEO 持股比例会影响 CEO 对创新项目整个过程的决策倾向,管理者经历和风险意识对创新项目过程的管理有潜在影响。

  基于内外因理论,事物的发展是内外因共同作用的结果。内因是事物变化发展的依据,外因是事物变化发展的条件,外因通过内因而起作用,它要求我们在观察和分析问题时,既要看到内因,又要看到外因,坚持内外因相结合的观点。采取内外部因素视角分析技术创新的学者有很多,其中包括许庆瑞提出的"全面创新管理理论",该理论认为企业技术创新是内外部两方面共同作用的结果,内因主要为企业自身发展需求和员工能力提升需求,外因包含社会、市场、经济、政府等各种因素。同时基于适配理论,本书的核心问题是一个时机的选择,需要内外部因素间有效适配,达到适合企业技术创新的时机,从而能更有效地完成技术创新。

基于以上研究，我们提出本书的研究命题：伴随着互联网和信息化的发展，同时技术自身具有的客观性、溢出性和可复制性，都决定了技术机会一旦被市场感知与接受，就会很快传播至整个市场。经过一轮轮的市场竞争和行业技术标准的成熟发展，大多数企业都会感知和把握这个机会。在这种情况下，何时开始技术创新，成了企业提高技术创新能力的重要环节。企业不仅需要考虑自身实力，还需要对包括政策环境、产业链、价值链、进入壁垒、营销渠道和组织架构等方面进行全面的讨论和分析，而这个决策环节还不能过于冗长，否则会让企业丧失很多市场机会。技术创新时机的选择研究，会为政府、金融机构、产业部门提供良好的建议和指导，促进企业技术创新能力和产业整体实力的提高，并具有重要的理论意义和实践意义。

基于这种认识，本书力图从技术创新过程的角度研究技术创新时机选择问题，分析影响企业技术创新时机选择的因素。从文献中我们分析得出，政府的政策环境、垂直产业链技术基础、进入壁垒、市场结构和环境、企业技术基础能力、企业营销和管理者因素会在整个技术创新过程中发挥着重要的作用，那么以上因素都有可能会影响技术创新的时机选择，同时企业的行业、所有制结构会作为控制变量影响各因素的作用发挥。

尽管引入的情境变量越多，对企业技术创新时机问题的研究和理解就越深入和详尽，但如果引入过多的变量，反而会冲淡研究者与重点关注领域，同时也受限于模型复杂性和问卷调查的局限性，会根据研究者关注的问题而选择相关情境变量。本书的背景是，进入 21 世纪以来，知识经济正在以前所未有的方式和速度影响着中国经济的发展，对于现代企业而言，企业的核心能力越来越受到其技术创新能力的影响，而技术创新又是一个探索性的活动，风险性很高，而这种风险性对于企业来讲，一旦失败会给企业带来非常大的损失，甚至一蹶不振。虽然面临这些挑战，很多企业仍然勇于技术创新。

5 研究假设与研究设计

根据以上分析和文献回顾,我们将对企业技术创新过程产生影响的政府政策制度环境变量、产业与市场结构和环境变量、进入壁垒变量、企业技术基础能力变量、营销能力、CEO持股和管理者特质作为自变量。企业技术创新时机选择受到行业环境的影响,行业环境的不确定性和复杂度会影响企业技术创新时机的选择,此外企业技术创新时机的选择还与企业所有制结构和企业规模有关系,因此,行业环境、企业所有制结构和企业规模这三个变量也被纳入本书中,作为本书的控制变量,通过探索政策环境、产业和市场结构与环境、进入壁垒、企业技术基础能力、营销能力、CEO持股和管理者特质的适配作用来探索企业技术创新时机选择问题。本书将通过实证分析,来揭示是什么因素在影响企业技术创新的时机选择,从而为中国企业在从事技术创新前提供实践经验和理论依据。

5.1.2 研究模型

本书将企业的政策环境、产业与市场结构和环境、进入壁垒、企业技术基础能力、企业营销能力和管理者因素作为影响企业技术创新时机的六个方面,其中企业技术基础能力受到企业组织文化和环境、资源投入和管理能力的影响。

按照研究命题,将本书涉及的七个主要变量——政策环境、产业与市场结构和环境、进入壁垒、企业技术基础能力、企业营销能力、管理者因素,以及结果变量企业技术创新时机整合在一起,得出本书起着承上启下作用的研究概念模型,作为本书后续论证研究的起点和框架(见图5-2)。

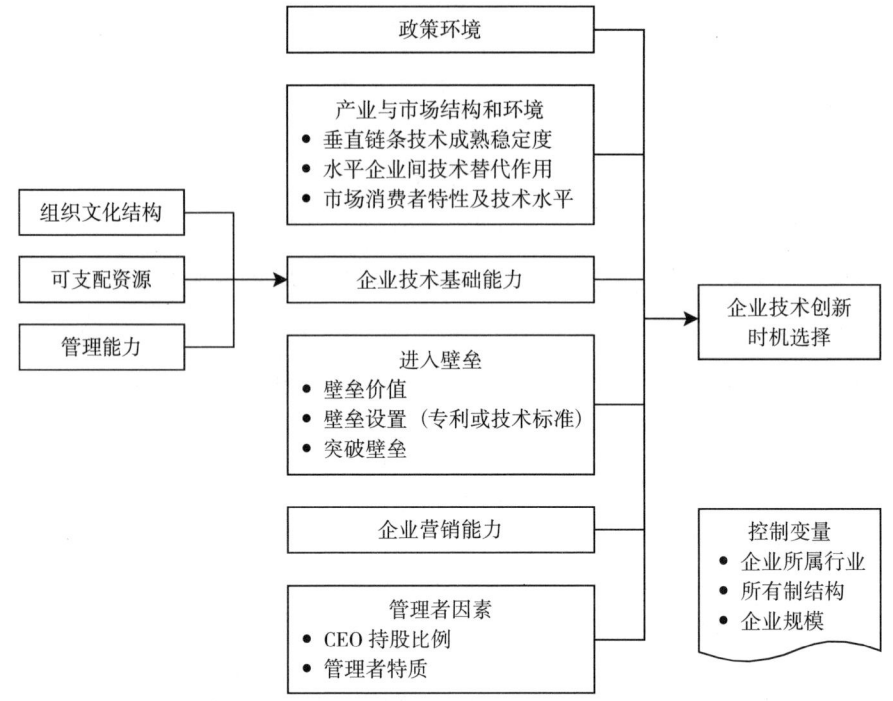

图 5-2 企业技术创新时机选择影响因素概念模型

5.2 研究假设

在前文的文献综述和理论分析基础之上，本节将政策环境、产业与市场结构和环境、进入壁垒、企业技术基础能力、企业营销能力及管理者因素作为自变量，企业技术创新的时机作为结果变量进行假设推导。

5.2.1 政策环境因素

政策环境层面，政府对于企业技术创新的影响从直接干预到介入、政策扶持等，由此可以看出政府对于企业技术创新活动的重要影响。政府对于企

5 研究假设与研究设计

业技术创新的补贴和税收优惠都会刺激企业增加技术创新投入。唐清泉和卢珊珊（2008）以 2002 年到 2005 年沪深两市得到政府补贴或者技术创新研发支出支持的企业作为样本，发现政府对企业的研发补贴对企业研发支出有显著的促进和激励效果，同时得出政府的间接补贴比直接补贴会更显著激发企业技术创新的研发支出。政府对于企业技术创新整个过程中的每一环节都会有影响，包括技术创新意愿诞生、技术实现和价值实现都会有影响。政府行为对企业技术创新意愿具有影响，政府对企业的影响会促使企业在面临决策时机的时候，考虑继续进行技术创新。

我国政府是出台创新制度的重要力量，政府的定位对创新主体，即企业研发行为有着重要影响。随着市场发展的不断完善，政府对企业研发的管理方式也开始转变，政府加大了对企业研发投入的财政资助。在我国，政府对于企业研发资助主要指国家财政支出中用于科技活动的经费总额，其中包括资助"国家科技计划项目"的经费、科研机构研究费和科研基本建设费用，投资方向主要包括支持创新和技术基础性的服务活动、科技成果转化及产业化科技启动资金等。

西方学者普遍认为企业技术创新研发活动的"市场失灵"是政府研发资助存在的根本原因。Hamberg（1966）首次利用厂商横截面数据来研究政府资助对企业研发支出的影响，研究以接受过美国国防部研发资助的企业作为研究样本，最终发现美国国防部提供研发资助能明显促进厂商加大研发的支出。Link（1982）将企业研发支出分为基础研究、应用研究和试验开发三个部分，通过实证研究发现，政府研发资助降低了厂商进行基础研究的强度，而促进了其应用研究和试验开发的支出。Lichtenberg（1987）研究采用对企业追踪数据来进行分析，他认为政府研发资助不应视作外生变量，因为企业总是视政府研发资助金额来决定其自身研发活动的。一些学者也开始逐渐关注中国企业在经济增长中的作用，Hu（2001）运用北京市海淀区 1995 年 813 个高科技企业作为样本，发现政府研发资助对企业研发有显著的正相关关系。童光荣和高杰（2004）从实证角度出发，认为我国政府的研发支出对企业研发支出具有诱导效应，而企业研发部门支出不仅取决于当期政府研发支出，还显著与前期政府部门研发支出相关。许治和师萍（2005）通过对我国1990~2000年间政府科技投入对企业研发支出的影响进行实证研究，发现政府研发投入对企业研发支出有显著促进作用，而政府对高校研发补贴则会对企业研发支出有挤出效应。左勇（2008）认为政府政策对企业研发投入产生直接影响的因素是技术采购、融资及直接资助，间接影响的因素是公共研发资助和对高校等科研机构的研发资助政策。

随着近年来跨国企业进入我国，各行业市场需要一个规范的政府宏观环境，我国各级政府也在逐渐摸索和进行着各类型制度的完善和补充。政府一个微小的意向，都会对企业的决策造成重大的影响。特别是近年来各级政府鼓励企业技术创新，为企业创造更好的创新环境，在不断改善各方面政策的细化和分类。经过分析，我们发现政府关于资金、金融、税收和专利权方面政策和制度的规定会影响技术创新意愿的产生，同时也会影响价值实现过程。

综上，本书得出以下假设：

H1：政策环境会影响企业技术创新时机的选择。

5.2.2 产业与市场结构和环境因素

企业技术创新时机选择需要考虑整个产业和行业的技术特征和水平，技术创新都需要依托上游技术，即原材料、零配件、模块等所依托的技术是否成熟和其成本是否为创新企业所接受，同时也需要考虑，技术创新所依托的设备，其技术是否达到创新的标准，使用的设备的成本是否也为创新企业所接受，更新的技术所依托的模块是否已经发展成熟。同时还要考虑下游市场需求是否已经成熟，即消费者是否需要支付额外的费用才能使用该技术，或者需要付出很多的学习成本来学习此技术，本书认为，这都会制约技术创新成果的价值实现。

技术创新产品进入市场需要考虑企业技术创新水平，如果存在竞争关系，企业技术处于研发初期或者是中期，核心企业技术创新产品已经成熟，结合技术周期长短和进入壁垒，考虑企业进入市场时机，本书认为，在技术创新周期长，进入壁垒高的行业，如果竞争企业技术创新处于前期，那么核心企业可以选择推后进入市场，等待整个技术市场的成熟后进入市场；进入壁垒低的行业，时间先后则更显得有意义，抢在对手推出产品前进入市场并占领市场份额至关重要。

综上，本书得出以下假设：

H2：产业与市场结构和环境影响企业技术创新时机的选择；

H2a：上游技术成熟度与企业技术创新时机选择呈正相关；

H2b：水平企业间的技术替代作用影响企业技术创新时机选择；

H2c：市场消费者/终端用户特性和技术水平影响企业技术创新时机选择。

5.2.3 进入壁垒因素

进入壁垒是影响市场竞争和结构的重要因素。通常进入壁垒高的行业，卖方集中度高，市场竞争不充分；进入壁垒低的行业，市场竞争较为充分。进入壁垒高的技术往往需要投入的资源会更高，不仅研发阶段需要投入更多的人员、物质和经费等资源，同时为了打入垄断性强的市场，还需要很高的营销能力和投入，因此，新企业如果很有可能打破原来的技术壁垒，那么此刻会选择进入壁垒高的市场。同样，在位企业为了稳固自身的地位，也会不断进行技术创新，特别是进入高壁垒的市场时。然而如果进入壁垒低，新进企业可以用相对低的成本和技术力量进入该市场，往往不选择此刻进行技术创新，因为进入低壁垒的市场竞争激烈，这就意味着企业的经济利益会被更多的企业瓜分，虽然壁垒好突破，但企业却不会选择此刻进行创新。

企业进行的技术创新需要受到市场和行业内技术标准的双重认可。在位企业技术创新产品如果能成为行业内的技术标准，也就意味着该技术含量和水平成为行业内准则，同时获得商业成功的可能性也越大。如果技术创新产品获得专利权，那么意味着此项技术创新产品具有独特性和创新性。同样，如果企业的技术创新成果能成为行业技术标准，那么会促使企业尽快进行技术创新，把握时机投入创新和尽快推出市场。

综上，本书得出以下假设：

H3：进入壁垒与企业技术创新时机选择有影响；

H3a：行业中原有技术壁垒破除的可能性，会驱使企业进行技术创新；

H3b：如果进行技术创新，可能为竞争企业设置技术壁垒，则企业实施该技术创新的可能性更高；

H3c：如果进行技术创新所带来的技术壁垒的价值不够大，企业倾向于不实施该技术创新。

5.2.4　企业技术基础能力

企业技术基础能力是企业进行技术创新的企业基础，从文献中我们可以看出，在企业技术实现和价值实现过程中，企业技术能力对技术创新每一个环节都会具有影响，下面我们将考察企业技术基础能力的各方面与企业技术创新时机选择之间的关系。企业技术基础能力包括技术战略、技术搜索能力和研发人员的知识转移能力等方面。

技术战略可分为技术探索战略和技术利用战略（Fauchart and Keilbach，2009）。技术探索战略指企业着眼于未来市场需求，不断获取新的知识、信息及技术的战略规划和行为。企业通常会着力于搜索、变异、发现更新换代的战略行为，会着力于改良、选择、提高效率等技术行为。技术利用战略是对目前的技术机会的一种挖掘，企业更多具有的是挖掘和利用某种市场机会和技术机会的行为。选择采取不同的技术战略，对于企业选择什么时机进行技术

5 研究假设与研究设计

创新有着重要影响。

通常,采取技术探索战略的企业,勇于探索最新技术,成为新市场的开拓者,技术领先和领导者形象能够赢得声誉,占领该领域市场,从而提高其市场化成功率,产生企业持续竞争优势。正是由于企业实行探索性技术战略,掌握了该领域内的核心技术,因此促进新产品不断诞生,这样会使企业进军相关领域,那么,企业会最早建立技术创新产品的生产程序和模块,采用新制造和组合的模块,改进技术的生产设备,同时技术领先者也会采取专利手段来保护企业的创新成果,主要方法有提高产品适应性、降低成本、提高质量。企业通过已有产品的升级和技术更迭来提高产品的市场竞争力,两种技术战略各有千秋,与技术利用战略相比,实施技术探索战略的企业在新技术研发上投入大量人力、物力和财力,技术获取的成本比后续继承者成本高很多。学术界对企业采取的技术战略类型并没有统一的导向性建议,别华荣(2009)通过实证验证,采取不同的技术战略对企业的技术创新过程和绩效都会有影响。

技术搜索能力对于企业在日新月异的市场上有效快速地抓住技术机会有着重要的作用。企业通过技术搜索,提高了当前的技术水平,学习和开发了新的能力,同时适应了市场和产业的需求和变化(Huber,1991)。企业的技术搜索行为为企业创造了选择优势,有利于企业在同等条件下,能适时发现多样化的资源、最优制造模式和方法、新的技术机会等,对我国企业在经济社会转型期前瞻性战略的制定和有效实施具有十分重要的战略意义。魏江和冯军政(2009)通过对技术搜索环境外延和影响因素的分析,将技术知识搜索模式分为冗余搜索模式、特定问题驱动的搜索模式、制度化搜索模式和系统搜索模式。在目前市场条件下,企业要保持良好的经济效益和持续的竞争力,就需要灵活运用不同的搜索模式,跟踪与目前业务密切联系的技术,深入挖掘已有技术知识的存量,对目前的技术进行深度挖掘、整合和重组;同时也利用企业冗余和系统的搜索模式,对企业相关的领域最新技术发展态势

· 99 ·

和两种技术的交叉点进行系统搜索，为企业在未来和相关领域的技术发展开辟道路。总之，技术搜索能力会为企业挖掘更多的技术机会，同时也会使企业能应对来自各方的技术变化，为企业创造更多的价值。

企业的知识结构会直接影响企业技术创新基础能力的形成与发展，进而影响技术创新活动的绩效（赵顺龙等，2009）。Szulanski（2000）提出了企业知识转移模型包括四个阶段，即知识源头形成、适合的转移渠道建立、接受方对知识进行调整和接受方将知识彻底转化为自身知识。在知识转移过程中，不仅要求有知识源和接受方，同时这一活动需要在特定的情境和环境下才能顺利地实现技术知识的转移和交流，知识转移是否成功和知识转移的效率，是与知识源、知识接受者转移知识的动机以及被转移知识的特性密切相关，同时也与这一活动所处的企业整体氛围相关。因此，知识在企业中的转移，很大程度上需要企业每个研发人员都愿意奉献与分享知识，才能令知识转移促进技术创新。具体来讲，知识转移过程需要双方具有彼此度和利益互惠动力，同时两方的知识传递距离在双方可接受的范围内，这个范围主要是说明两方的知识内容的距离为接受方需要而不超过接受范围。知识转移渠道也非常重要，企业会建立一个倡导知识共享的企业文化，同时提供知识共享的平台和载体。企业具备良好的知识转移能力会为企业接受随时而来的技术创新，创造良好的人员基础和知识储备。

基于此，本书认为企业技术创新基础能力是企业技术创新的重要影响因素，其技术创新基础能力是企业选择技术创新的内部基础，其他因素都是依托于企业该能力而起作用的。因此，得到以下假设：

H4：企业技术基础与企业技术创新时机选择呈正相关。

5.2.5 营销能力因素

企业技术创新产品成功商业化，即成功价值实现获取经济利益是技术创新活动顺利完成的标志。创新产品推出市场，大多学者认为营销能力在这过程中起着很强的影响作用,即营销能力强有利于技术创新条件的具备,有利于企业随时进行技术创新。根据有些国内外学者实证研究结果(Weerawardena,2003;于建原等,2007),均认为企业营销能力对技术创新强度呈正向显著性影响。在 Louise 等(2001)提出的衡量企业的技术创新价值实现影响因素模型"四叶苜蓿模型"中都提到企业的营销能力。

基于此,本书提出以下假设:

H5:企业营销能力与企业技术创新时机选择呈正相关。

5.2.6 管理者因素

管理者技术创新的行为动机主要是来自经济性动机和精神性动机两个方面。

根据文献,本书将管理者因素区分为两部分:一部分基于治理结构视角的管理者因素经济性动因,即 CEO 持股比例与技术创新时机选择;另一部分基于组织行为视角的管理者因素精神性动机,即管理者特质。基于治理结构视角,经理人持股会将管理层的利益与股东利益趋于一致,激发经理人在技术创新投入的支持力度,但如果随着持股比例变化,经理人持股比例过大,则会让经理人将资金投入到风险不大,而不会影响其在位绩效的项目中。经过研究,很多经理人都对技术创新投资持犹豫态度,主要因为其有高风险性。即使企业拥有冗余资本,那经理人也更愿意采取风险分散的投资组合形式,而非进行技术创新投资。

基于此,本书提出以下假设:

H6:管理者因素影响企业技术创新时机选择;

H6a:管理者特质对企业技术创新时机选择有影响;

H6b:CEO 持股比例对企业技术创新时机选择有影响,CEO 持股比例高,则企业倾向于少进行技术创新。

5.2.7 控制变量

刘立（2003）等学者将技术创新资源投入分为金融资源、物质资源和无形资源。企业技术创新是一个风险很大的活动，风险大意味着投入多而获得收益的机会并不多，风险因素对于企业技术创新，不仅是一个物质损失，同时也是组织和心理的损失。技术创新项目的成功包括技术成功、商业成功和经济成功，在这个过程中，企业需要源源不断地投入资源。因此，企业进行技术创新时，要考察整个项目投入资源和企业自身具有资源能力是否相当，以此来决定技术创新启动时机。

企业所处的环境、自身结构、技术能力和营销能力是其从事技术创新的基础。本书针对的是中国从事技术创新的企业，所属地域不同会导致政策和文化环境不同，比如沿海地区和西部地区所面对的政策、制度和文化有很大区别，本书将其影响作为权变因素考虑。高管即所谓的经理人，往往是企业技术创新的直接决策者，通过文献我们知道，高管通过影响企业组织结构来影响技术创新活动，同时其特质也会对技术创新产生影响，同时企业组织文化环境、政治环境都会对技术创新产生影响。但是基于本书的研究重点，考虑到模型的需要，会将以上几个因素作为权变因素。

5.3 研究思路和假设总结

5.3.1 研究思路总结

本书的概念模型，根据文献分析，认为政策制度因素、产业与市场结构和环境因素、进入壁垒因素、企业技术基础能力因素、企业营销能力和管理

5 研究假设与研究设计

者因素影响企业技术创新时机的选择。考虑到中国经济发展现状,模型中引入企业规模、行业环境及所有制结构作为控制变量。

5.3.2 研究假设总结

为了清楚展现研究假设,研究者将前面推导的所有工作假设进行了归纳,如表5-1所示。

表5-1 研究假设总结

编号	假设
H1	政策环境会影响企业技术创新时机的选择
H2	产业与市场结构和环境会影响企业技术创新时机的选择
H2a	上游技术成熟度与企业技术创新时机选择呈正相关
H2b	水平企业间的技术替代作用影响企业技术创新时机选择
H2c	市场消费者/终端用户特性和技术水平影响企业技术创新时机选择
H3	进入壁垒与企业技术创新时机选择有影响
H3a	行业中原有技术壁垒破除的可能性,会驱使企业进行技术创新
H3b	如果进行技术创新,可能为竞争企业设置技术壁垒,则企业实施该技术创新的可能性更高
H3c	如果进行技术创新所带来的技术壁垒的价值不够大,企业倾向于不实施该技术创新
H4	企业技术基础与企业技术创新时机选择呈正相关
H5	企业营销能力与企业技术创新时机选择呈正相关
H6	管理者因素影响企业技术创新时机选择
H6a	管理者特质对企业技术创新时机选择有影响
H6b	CEO持股比例对企业技术创新时机选择有影响,CEO持股比例高,则企业倾向于少进行技术创新

本章小结

本章通过相关理论和文献、国内外实证研究,基于对技术创新技术实现阶段和价值实现阶段的影响因素分析,即"双四因素"模型的进一步分析,构建了企业技术创新时机选择影响因素的概念模型,并进行了假设推导。

通过本章的论证工作,我们建立了企业技术创新时机选择影响因素的分析框架,为后续的数据验证工作奠定了基础。

6 研究设计

本书采取问卷调查的方式来收集数据验证研究假设。因此,本章首先将确认假设的度量变量,将在第5章概念模型和研究假设的基础上,根据研究命题,在研究所采取的主要变量的操作性和假设推导基础上进行说明;其次将会对问卷设计、实施调查、数据采集及分析方法进行说明。

6.1 研究变量的操作性定义及其测量方法

本书在选择量表时,尽量借鉴和采用国内外学者经验以及开发的变量量表来设计本书的量表,同时根据笔者对我国企业的访谈及我国国情,对量表中的具体项目进行修改和调整。

本书设计的变量主要有:
(1)技术创新时机;
(2)政策环境;
(3)产业与市场结构和环境;
(4)企业技术基础能力;
(5)进入壁垒;
(6)营销能力;

(7)管理者因素；

(8)控制变量：行业环境、企业规模、所有制结构。

下面就各变量可操作性定义和测量的相关量表进行阐述。

6.1.1 技术创新时机

关于企业技术创新时机的测量，在本书中是个难题。在本书第 2 章将时机选择定义在调查和技术机会挖掘之后，采取研发行动之前这个步骤，但是需要区别的是，在这个节点上并不考虑是否技术创新，而是考虑何时创新，换句话讲也就是技术创新行为何时开始、选择什么样的时间点进行。因为"时机"是一个不好度量的变量，管理学相关"机会"的研究在第 2 章已经详细说明。因此，综合前人研究，本书将企业技术创新的时机选择作为企业技术创新战略的维度进行考虑和测量，基于创新机会学派，提出"创新机会"由三个要素构成，即对他人具有经济价值、有可利用资源来实现机会的可能性以及感知机会的人可以感知获取经济价值。该理论基于创新主体视角研究，本书将基于中观视角分析技术创新时机的把握，对比"创新机会"学派，本书不仅关注创新机会的挖掘和把握，同时更关注"具有影响时间性的客观条件"。对于时机的度量，有以下学派对此有相似研究。

"创新机会"学派明确地站在信息不对称、不完整和对未来无法预测的情形下来感知信息做出决定的过程，同时由于主体识别机会、采取行动利用机会的过程在演变，感知和不确定性成为"创新机会"中最重要的概念构成。由于个体的差异性存在，因此他们在感知的过程中会设计不同的未来，因此面对同样的机会，会采取不同的方案（Loasby，2001）。该学派还明确提出创新主体、创新活动和制度有互动作用，创新者与机会之间是互为条件和约束。

很多研究（Ardichvili et al.，2003；Foss et al.，2008）都基于企业家视角，从主体特征入手，分析主观条件对于技术创新时机选择的影响，而此方面研究也都很丰富，包括创新机会、创业机会等方面的研究，都是很成熟的研究视野。本书对于技术创新时机的探讨偏重于"时机"在词条解释中的本意，即"具有影响时间性的客观条件"。度量该变量，根据文献和技术创新过程，我们将技术创新的研发意愿时点作为考察的时点，用技术创新的技术顺利实现和价值顺利实现作为技术创新活动顺利完成的标志，以证实选用技术创新的顺利完成来衡量研发意愿时点选择的正确性和合理性。

6.1.2 政策环境

政府及环境政策各变量的研究在国内外很多研究中都有提及，本书会多结合国内学者的分类予以测量，本书重点在国内企业，因此着重探讨国内各项政策的分类和变迁，同时国内企业、跨国企业及外资企业在我国地方从事商业活动，也都需要遵守地方的政策和法规（见表6-1）。

表6-1 政府环境测量

研究变量	操作性定义	具体测项	测项文献来源
政策环境	企业在技术创新过程中所处的政策、制度等环境，主要包括政府宏观环境、直接资金支持、银行资金政策、税收减免政策、完善的专利权和制度	技术创新研发活动的"市场失灵"会导致政府采取行政手段予以干预	许治等（2005）
		政府在企业技术创新中对于风险投资体系和金融方面的政策支持	张青（2009）
		政府对于企业技术创新部分资金予以税费减免或降低税费的制度	李柏洲等（2009）
		政府对于企业技术创新等技术有完善的专利保护制度	Zhao（2006）

注：变量测量采用李克特5点制量表，具体测项用符合程度来代表分值。"1"非常不同意，"2"不同意，"3"没意见，"4"同意，"5"非常同意。

6.1.3 产业与市场结构和环境

本书将探讨产业与市场结构和环境从产业链、技术链及市场结构与环境研究，从垂直及水平揭示企业在产业链和市场环境中所面临上下游及存在替代技术关系企业对其企业技术创新时机选择的影响（见表6-2）。

表 6-2　产业与市场结构和环境测量

研究变量	操作性定义	具体测项	测项文献来源
上游技术成熟可靠度	核心技术创新中必需的技术支持，存在互利关系的技术，技术创新所依托的零部件、原材料、模块的成熟度	①技术创新所依托的零部件、原材料、模块的技术水平；②技术创新所依托的零部件、原材料、模块的成本	毛荐其（2007）
水平企业间的技术替代作用	存在竞争关系企业所开发的与核心企业创新技术有互补关系的技术	①已经推出的创新产品对目前本企业技术创新产品的影响；②还在研发阶段对本企业技术创新产品的影响	Robert, A. B. 和 Modesto, A. M.（1998）
市场消费者/终端用户特性和技术水平	技术创新产品应用于市场，从技术和使用成本上是否拥有市场	①技术创新产品学习成本；②技术创新产品使用成本	Everett Rogers, 1995; Chang-Yang（2003）

注：变量测量采用李克特5点制量表，具体测项用符合程度来代表分值。"1"非常不同意，"2"不同意，"3"没意见，"4"同意，"5"非常同意。

6.1.4　企业技术基础能力

通过整理文献，本书认为衡量企业技术基础能力可以分为以下几个方面：技术战略（程源等，2002）、技术搜索能力（Shane，2000）、把握技术机会（Winter，1984；Jovanovic，1982）、技术人员及技术人员的知识转移能力（Teece，1977）（见表6-3）。

表 6-3　企业技术基础能力测量

研究变量	操作性定义	具体测项	测项文献来源
企业技术基础能力	企业自身形成的技术方面的综合实力，受到企业可支配资源、组织结构及文化和管理能力的影响，每个企业的技术基础能力都是不同的。主要包括技术战略、技术探索和挖掘实力及研发人员素质等	技术战略是否是企业战略重要部分；是否具有明确的技术战略；技术战略是否具有前瞻性	Van（1993）
		企业是否具有技术搜索系统；该搜索系统所发现的技术实现概率；价值实现的概率	Katila 等（2002）
		企业是否存在良好的技术知识交流平台；技术应用过程中的交流作用；行业内是否有技术人员间的交流机会	Szulanski（2000）

注：变量测量采用李克特5点制量表，具体测项用符合程度来代表分值。"1"非常不同意，"2"不同意，"3"没意见，"4"同意，"5"非常同意。

6.1.5 进入壁垒

进入壁垒包括市场性壁垒和管制性壁垒,总体上,各行业各地区产业统计资料程度不一,这样造成产业进入壁垒的一些关键性数据缺乏支持,本书参考李平和于雷(2007)对于进入壁垒的分析,市场性壁垒主要包括规模经济、产品差别化、绝对成本优势、技术,管制性壁垒主要包括行政性的市场准入制度、规制政策壁垒、法律壁垒专利法等。基于文献,进入壁垒的难易度和价值,本书将进入壁垒类型整合为壁垒破除、壁垒价值和壁垒设置(见表6-4)。

表6-4 进入壁垒测量

研究变量	操作性定义	具体测项	测项文献来源
壁垒破除	技术创新会打破原行业技术壁垒	新进入企业会通过打破技术壁垒而确立市场地位;在位企业会通过打破技术壁垒确立市场地位	李平和于雷(2007);Nordhaus(1969);Scherer(1972);吴贵生等(2005);胡慧芳(2010)
壁垒价值	技术壁垒的市场价值	技术容易模仿,创新收益低	
壁垒设置	技术壁垒高	创新技术成功会获得专利;创新技术成功会成为行业技术标准	

注:变量测量采用李克特5点制量表,具体测项用符合程度来代表分值。"1"非常不同意,"2"不同意,"3"没意见,"4"同意,"5"非常同意。

6.1.6 营销能力

营销能力的量表测量借鉴了Churchill和Gilbert、Vorhies和Harker对营销能力测量量表的开发标准,将营销能力分为四个方面来测量,即产品定价、渠道、市场调研及营销计划,同时根据我国企业特色,借鉴于建原等研究将企业声誉、品牌知名度及产品顾客群三个方面的测度加入到量表中。根据本书的研究重点,将以上七个方面整合成产品定价、市场调研(目标顾客研究)、市场影响力(包括企业声誉和品牌知名度)、销售渠道和营销计划五个方面(见表6-5)。

表 6-5 企业营销能力测量

研究变量	操作性定义	具体测项	测项文献来源
企业营销能力	企业对于新产品市场调研、定价、市场影响力、销售渠道及营销计划等方面表现出来的综合销售及市场能力	企业过去的创新产品定价是否符合市场，即定价是否符合产品，同时是否得当	Churchill 等（1979）
		是否有专业的市场调研团队；该部门是否有较强的调研能力	Churchill 等（1979）
		企业在同行业中的影响力；是否有负面事件发生；品牌的影响力	陈锟等（2009）
		具有固定的销售渠道；销售形式多样	Vorhies 等（2000）
		企业具有全方位的营销战略和规划，对新产品推出有系统的营销计划	Vorhies 等（2000）

注：变量测量采用李克特 5 点制量表，具体测项用符合程度来代表分值。"1"非常不同意，"2"不同意，"3"没意见，"4"同意，"5"非常同意。

6.1.7 管理者因素

从文献分析中可以看出，从治理结构角度研究企业技术创新的文献比较少，国外学者总结两者的关系，主要从代理冲突、经理人（Wright et al., 1996），股权结构（Jensen and Meckling, 1976; Van, 1993）及董事会三方面研究。本书所涉及的企业并不局限于上市公司，很多从事技术创新的企业规模并不足以上市，就像爱国者（Aigo）在企业初始，仅仅是中关村的一个普通的小企业。为了对所有测量企业都有普适性，因此本书主要从股权结构角度来测量企业技术创新时机选择的相关性（见表 6-6）。

表 6-6 管理者因素：CEO 持股（经济性因素）

研究变量	操作性定义	具体测项	测项文献来源
管理者因素：CEO 持股	股权结构，主要为持股比例	企业 CEO 是否持股；持股比例是多少；员工是否持股；总体持股比例多少	Van（1993）

注：企业 CEO 是否持股、员工是否持股采取选择题形式，答案为是/否；两者持股比例采用选择题形式，CEO 持股比例设置为"0%~10%、10%~30%、30%~50%、50%~70%、70%以上"；员工持股比例设置为"0%~10%、10%~30%、30%~50%、50%~70%、70%以上"。

管理者特质作为精神性因素，对于技术创新具有影响。在创业机会理论和创新机会理论中，都将机会的识别和感知影响因素之一归结为管理者特质（Vaghely and Julien，2008；Kaish and Gilab，1991；Hean et al.，2002），因此在技术创新机会决策中，管理者自身的经历和特质会潜移默化地影响到整个创新过程和决策（马富萍，2009），本书认为企业家的工作经历和拥有创新精神对于技术创新时机选择有影响（见表6-7）。

表6-7 管理者因素：管理者特质（精神性因素）

研究变量	操作性定义	具体测项	测项文献来源
管理者特质	管理者自身的经历和性格特质；对于技术创新活动，管理者具有冒险精神和具有风险性从业经验会影响创新和创业机会的把握	管理者具有冒险精神	Hean 等（2002）
		管理者的工作经历，有过从事创新性的工作	Lee 和 Venkataraman（2006）

注：变量测量采用李克特5点制量表，具体测项用符合程度来代表分值。"1"非常不同意，"2"不同意，"3"没意见，"4"同意，"5"非常同意。

6.1.8 控制变量

本书还设置了控制变量，目的在于研究者可以通过控制一些变量来对研究的主要模型和变量做出适当的安排，从而可以减少外部环境对研究结果的影响。

很多文献表明（例如，Acha and Gann，2005；Galbraith，1952；Kap Lan，1954；Lall，1992；Scherer，1980），所有制结构、行业特征及企业规模等因素都会直接影响企业技术创新的技术实现及价值实现，通常把他们作为研究的控制变量。

所有制结构通常会对企业技术创新产生影响。本书的研究对象并没有限制企业规模，因此研究的主要对象是国有企业、民营企业和外资企业。

行业环境会对技术创新产生影响。通常研究认为，高科技产业市场空间较大，技术创新活动频繁；传统产业市场成熟，增长空间相对小，技术创新活动也在逐渐减少。

企业规模的大小会影响技术创新,规模较大的企业通常能动用更多的资源,更有实力进行技术创新。大多数学者都认为企业规模与技术创新活动的成功有着正相关关系,即企业规模大就更有实力,能投入更多资源用于技术创新,从而保证技术创新成果。同时技术创新通常伴随难以预料的巨大风险,而规模大的企业比小企业具备更大的抗风险能力。在本书中,企业规模拟作为控制变量,用企业员工人数、注册资金、年度研发经费及销售额表示。

6.2 问卷设计、调研和数据确定

从研究假设、分析、模型构建、变量分析,到相对非常粗浅和繁冗的最初问卷形成;从初步的问卷形成到经过初步访谈、调查后第二次调整、修改和精简问卷;再到最后与专家讨论后最终形成的最终问卷,是本书研究的重要环节。

6.2.1 问卷初步设计

完成本书变量定义和测量部分后,首先设计和完成调查问卷初稿,问卷主要分为选项和 Likert 五级量表两类。

6.2.2 先期实验

本书在先期实验环节经历了三个阶段,即三个样本企业试问卷、与企业管理者深度访谈和与专家举行小型讨论会。

首先选取三个企业,本书对三个企业,包括国有大型企业和民营中型企业进行初步访谈和问卷,在反馈后,修改了问卷中具有语句歧义、过于学术

6 研究设计

化及概念不清等问题。

其次,与部分企业主管技术创新的中层管理人员、一线技术工程师和研发部门人员进行深度访谈,他们提出以下建议:第一,对概念的混淆,本书技术创新是企业自主研发,而不是合作研发和外包等,因此应该在问卷初就明确。第二,进入壁垒问题设计过于绕口,逻辑不清楚,建议修改简洁明白。

最后,在与企业沟通的基础上,本书就问卷方面的合理性和可实施性举行了一个小型研讨会,主要包括该领域的教师和同专业博士生,他们发现了问卷中的一些问题,如问卷篇幅过长,去除了部分不必要的描述;问题排序也进行了调整等。

6.2.3 问卷最终形成

经过先期实验,并对解释变量测定文献的再次核准、反复推敲、剔除修改后,问卷基本完成。至此,问卷分为两个部分:第一部分是基本信息,以选择题形式出现;第二部分是影响企业技术创新时机选择因素的测量,为Likert 五级量表。问卷共 50 个题项,其中 13 个选择题,37 个 Likert 五级量表选择题。

6.3 数据来源

本书主要针对在中国区域内的企业,曾经技术创新、正在技术创新或者致力于技术创新的企业,包括国有大中型企业、外资企业以及民营企业。我们希望提出的模型具有普适性,希望是我国技术创新的企业可以借鉴和参考的模型。

6.3.1 样本规模和调查对象

据统计学要求,描述性统计分析的样本应为总体数目的20%,相关性研究的样本至少有30份,同时回归分析的样本数应该至少是模型变量的5倍,本书变量数为6个,那么至少样本数不少于30个。

本次问卷调查的对象是我国从事内生技术创新的企业,发出问卷280份,不限定行业,要求返还问卷为130份。

问卷对象为企业高管(董事、总经理、副总经理、财务总监等)、中层管理者、基层的一线技术工程师或项目经理。由于问卷中产业、技术层面的知识和内容较多,答卷人应具备至少本科学历且应了解技术创新的过程。

面向企业的问卷调查回收率低,同时质量也参差不齐,这些一直困扰着实证研究。在本书的进行过程中,我们发现问卷发放和回收方面具有极大的挑战性。主要的困难在于:第一,答卷者需要了解技术创新的重要节点和环节的细节和决策;第二,变量涉及产业、技术、组织、营销和资本结构等很多方面,从中观视角到微观视角,涉及企业的方方面面,不仅需要答卷者具有丰富的企业经营经验,同时也需要他具有较为丰富的相关知识背景,很多被访者就因为只了解其中2~3个因素的问题,而最终放弃了填写问卷或使问卷处于无效。

6.3.2 问卷的发放形式与回收

在问卷定稿也确定了参与调研的企业和方式后,笔者在问卷首页附上问卷填写要求,并逐一装入写有问卷回收者联系方式的信封,要求在问卷完成后,再装回原信封并封口后待回收。本书有以下问卷送达和回收方式:第一,走访企业,因为笔者的配偶具有高科技企业创业经历,属于IT行业,因此联系到其合作伙伴或友好企业发放问卷,这个渠道问卷发放相对质量偏高,发放50份,实际回收30份,全部可用;第二,高校EMBA、MBA以及高管培训班,因为笔者在高校工作,通过事先沟通,先后在北京、华东及东北等地区发放问卷,学员素质普遍偏高,因此该渠道发放问卷反馈速度和反馈率也相对较高,发放问卷150份,回收问卷104份,剔除其中信息缺失较多的问卷30份、连续勾画的2份,实际回收72份;第三,通过朋友及亲人"滚雪球"式的联系相识企业的高管人员及研发主管等,以电话、邮件及拜访三种形式发放问卷,同时赠送纪念品,共发放50份,回收30份,剔除雷同问卷5份,实际回收有效问卷25份;第四,通过企业管理机构,在企业发放问卷30份,回收12份,剔除信息缺失较多的2份,实际回收有效问卷10份。此次共发出280份问卷,回收有效问卷137份(见表6-8)。

表6-8 问卷回收情况一览表

问卷情况	问卷份数	占实际发放问卷的比例(%)
实际发放问卷	280	100
回收问卷	176	62.9
无效问卷	39	13.9
有效问卷	137	48.9

6.3.3 分析方法

本书回收问卷进行编码后输入Excel表格,采取SARS统计软件包进行数据分析。分析方法包括信度分析、效度分析、相关分析和多元回归分析。

信度和效度分析,主要是利用回归分析来判断研究变量间的科学性与内部一致性。信度采用同一方法对同一对象进行调查时,通过对结果可靠性、稳定性和一致性的分析,来判断研究所选择的测量工具是否可以稳定地测量研究对象。本书采用Cronbach's alpha值作为信度判断的标准,用以测量同一纬度下各个变量之间的一致性。效度是指测量工具在多大的程度上反映概念的真实含义,通常包含内容效度、构念效度和预测效度。

相关分析,采用Pearson等相关分析方法,对本书中涉及的变量的相关程度和相关方向进行逐一分析。

因子分析，是指研究从变量群中提取共性因子的统计技术。因子分析可在许多变量中找出隐藏的具有代表性的因子。因子分析主要包括两种分析方法，一种称为探索性因子分析（Exploratory Factor Analysis），另一种称为验证性因子分析（Confirmatory Factor Analysis）。本书联合两种因子分析的优势进行测量。

多元回归分析，侧重研究多个变量间关系的回归分析方法，通常按照因变量和自变量的数量及其对应关系分为一个因变量对多个自变量的回归分析，即"一对多"回归分析，和多个因变量对多个自变量的回归分析，即"多对多"回归分析，本书即为多对多的研究分析。

本章小结

本章介绍了本书中主要变量的操作性定义和测量方法、数据收集、问卷设计和样本调查流程，以及本书需要的统计分析方法。通过本章的论述，我们将进一步明确假设提出的测量依据和分析流程。

7 数据分析及结果

本章对量化数据进行了统计分析,并对统计结果和分析结果给出简要说明。分析包括关键变量的测量性质分析和模型关系的假设检验两部分。

7.1 变量的测量性质分析

本书基于以往文献,归纳了一些多项目(Multiple Items)共同测量的变量,如企业技术创新基础能力、营销能力、政策环境、产业与市场结构和环境、进入壁垒等。如前所述,这些变量的测量项目是从不同学者的研究成果中抽取出来的。为了验证变量的测量属性(包括信度与效度等),本书首先采用因子分析(Factor Analysis)方法,分析抽取共同因子。因子分析主要包括两种思路迥异的分析方法,一种称为探索性因子分析,另一种称为验证性因子分析。两者的主要区别在于:探索性因子分析是在事先不知道影响因子个数及结构的基础上,完全依据数据,以一定的统计方法进行分析抽取出共同因子的过程;而验证性因子分析则需要依赖先验知识,是在已知因子个数和结构的情况下,检验所收集的数据资料是否按先验结构分布的分析手段。本书联合两种因子分析的优势,先采用探索性因子分析方法,逐一检验同一变量下的多测量变量的变异规律的一致性,从而达到精练(Refine)测量指标的目的，后采用验证性因子分析手段检验各变量测量之间的区分度，在因子分析的基础上，分析各变量测量指标精练之后的测量信度。

7.1.1 企业技术创新基础能力

本书最初设计的企业技术基础能力测量项目有 7 个，并对这 7 个项目进行探索性因子分析，采用主成分分析（Principle Components Analysis）技术、方差极大旋转（Varimax with Kaiser Normalization），抽取特征根（Eigenvalue）大于 1[①] 的公因子，得到的分析结果如表 7-1 所示。

表 7-1 企业技术基础能力测量项目探索性因子分析结果 *

企业技术基础能力	因子负荷
jsjc4：经常在同行业中引领技术创新的企业总是不断进行技术创新	0.80[a]
jsjc3：企业研发部门有强大的技术搜索系统，能搜索并发现技术契机	0.73
jsjc5：企业内部有可供技术人员和员工分享技术经验的平台，有利于提升技术人员的技术实力	0.69
jsjc6：企业的技术人员特别是核心技术人员在三年内一直在企业服务，有利于积累创新能力	0.68
jsjc7：企业对于研发部门的支持力度是创新能力积累的主要方面	0.65
jsjc2：技术战略的制定对技术创新整个过程，包括调研、研发、生产、产品推出、营销、获得市场认可、取得经济效益，这些过程都有详细和专业的指导	0.64
jsjc1：企业有明确的技术战略规划，会适时选择技术创新	0.36
特征根	3.99
对总方差的解释力（%）	44.0

注：*N = 137。
因子榨取方式：主成分分析法。
旋转方式：Varimax with Kaiser Normalization。
a 本表仅保留因子负荷大于 0.3 的项目。

---

① 特征根大于 1 的要求，是与公因子的方差解释力要求相对应的，如果抽取的公因子特征根小于 1，则意味着该公因子对总方差解释的贡献还不如单个项目的解释力强，在这种情况下，没有抽取公因子的必要。

以上分析表明：从 7 个预设的测量项目中，能且仅能抽取 1 个公因子，该公因子对 7 个项目总变异的贡献率为 44%。鉴于其中一个测量项目的因子负荷（Factor Loading）较小（0.36），意味着该项目对形成公因子的意义不大，[①] 我们删除该项目后，重新进行因子分析，得到的分析结果如表 7-2 所示。

表 7-2　删除因子负荷太小的项目后的企业技术基础因子分析结果 *

企业技术基础能力	因子负荷
jsjc4：经常在同行业中引领技术创新的企业总是不断进行技术创新 a	0.81 b
jsjc3：企业研发部门有强大的技术搜索系统，能搜索并发现技术契机	0.74
jsjc5：企业内部有可供技术人员和员工分享技术经验的平台，有利于提升技术人员的技术实力	0.70
jsjc6：企业的技术人员特别是核心技术人员在三年内一直在企业服务，有利于积累创新能力	0.70
jsjc7：企业对于研发部门的支持力度是创新能力积累的主要方面	0.68
jsjc2：技术战略的制定对技术创新整个过程，包括调研、研发、生产、产品推出、营销、获得市场认可、取得经济效益，这些过程都有详细和专业的指导	0.65
特征根	3.08
对总方差的解释力（%）	51.3

注：*N = 137。
因子榨取方式：主成分分析法。
旋转方式：Varimax with Kaiser Normalization。
a 被删除的项目为"企业有明确的技术战略规划会适时选择技术创新"。
b 本表仅保留因子负荷大于 0.3 的项目。

表 7-2 因子分析结果表明，删掉一个测量项目之后再进行因子分析，得到的公因子依然为 1 个，其变异对剩下 6 个测量项目的变异总方差超过 50%，且每个项目与公因子之间的关系相对紧密（因子负荷大于 0.5），这种情况下，停止测量项目的精练，认为 6 个项目能较为一致地度量企业技术能

---

① 当因子负荷小于 0.5 时，一般考虑将该项目删除；当然，在某些特殊情况下，如测量项目太少，考虑保留因子负荷小于 0.5 的测量项目。

力。这里对保留的 6 个项目进行测量信度分析，Cronbach's alpha 值为 0.81，超过了对于管理学研究测量的满意信度水平（0.7），表明该 6 个项目的内部一致性水平高，信度达到满意水平。

限于篇幅，以下的分析结果不一一呈现，本书仅列出探索性因子分析最后一步的分析结果，对于利用该方法进行测量项目精练的过程省略。

7.1.2 政策环境

本书预设的政策环境测量项目个数是 5，对这 5 个项目进行探索性因子分析得到的分析结果如表 7-3 所示。

表 7-3 政策环境因子分析结果 *

政策环境	因子负荷
zchj4：政府及央行对于资金政策调控，增加了技术创新融资渠道，降低了技术创新的资金成本	0.83[a]
zchj1：政府设立的创新投资基金为企业提供了直接的技术创新资金支持	0.81
zchj2：政府推出了与企业技术创新活动相关的税收减免政策	0.79
zchj3：政府积极建设技术创新相关的市场环境	0.77
zchj5：企业所属行业有完善的专利制度和专利保护政策	0.68
特征根	3.01
对总方差的解释力（%）	60.3

注：*N = 137。
因子榨取方式：主成分分析法。
旋转方式：Varimax with Kaiser Normalization。
a 本表仅保留因子负荷大于 0.3 的项目。

表 7-3 因子分析结果表明，从预设的 5 个政府政策测量项目能抽取一个公因子，5 个测量项目对形成公因子的贡献显著（因子负荷均大于 0.5），信度分析结果表明，该 5 个项目内部信度水平较高（Cronbach's alpha 值为 0.83）。

7.1.3 产业与市场结构和环境

本书预设的产业与市场机构和环境测量项目个数是 9，并对这 9 个项目进行多轮探索性因子分析，最终得到分析结果如表 7-4 所示：

表 7-4 产业与市场机构和环境因子分析结果 *

产业与市场结构和环境	因子 1 负荷	因子 2 负荷
cyjshj1：企业技术创新必需的原材料、零（部）件达到技术创新要求 a	0.82 b	
cyjshj4：设备使用成本为技术创新企业所接受	0.77	
cyjshj2：原材料、零（部）件使用的成本可为技术创新企业所接受	0.74	
cyjshj3：企业技术创新所需设备应达到足够技术水平	0.73	
cyjshj9：有其他企业也在从事同类型的技术创新，那么本企业会减少此项技术创新投入		0.80
cyjshj7：企业的技术创新产品使用，还需购买除该产品外的其他配件和额外费用		0.65
cyjshj5：企业技术创新所依托的模块体系达到标准化、通用化的水平	0.31	0.51
特征根	2.45	1.47
对总方差的解释力（%）	35.0	20.9

注：* N = 137。
因子榨取方式：主成分分析法。
旋转方式：Varimax with Kaiser Normalization。
a 被删除的测量项目包括"消费者（客户）对技术创新产品使用并不需要革命性、推倒性的学习"和"行业内已经有企业获得同类技术产品，会影响本技术创新企业创新收益"。
b 0.30 以下的跨因子负荷在本表中被忽略。

从表 7-4 因子分析结果可以看出，从预设的 9 个测量项目中，经过多轮精练之后，能抽取两个特征根大于 1 的公因子，这两个公因子由 7 个项目构成，其中 4 个项目构成第一个公因子，另外 3 个项目则构成第二个公因子。与研究预设的目标相对照发现，第一个公因子所包含的 4 个项目是与预设维度所包含的测量项目相一致，属于"上游技术成熟度"。而另一个公因子的 3

个项目,则分别来自预设的三个维度:第一个项目"有其他企业也在从事同类型的技术创新,那么本企业会减少此项技术创新投入"属于预设之"同类技术发展程度"维度;第二个项目"企业的技术创新产品使用,还需购买除该产品外的其他配件和额外费用"属于预设之"下游市场需求成熟度"维度;第三个项目"企业技术创新所依托的模块体系达到标准化、通用化的水平"属于预设之"上游技术成熟度",而且该项目同时在两个公因子上有跨负荷。鉴于以上情况,本书认为"同类技术发展程度"和"下游市场需求成熟度"维度测量不能达到基本要求,拟仅保留分析"上游技术成熟度"。这种情况下,本书将预设的"上游技术成熟度"之 5 个测量项目单独列出,再次进行探索性因子分析,得到的结果如表 7-5 所示。

表 7-5 上游技术成熟度因子分析结果[*]

上游技术成熟度	因子负荷
cyjshj4:设备使用成本为技术创新企业所接受	0.80[a]
cyjshj1:企业技术创新必须的原材料、零(部)件达到技术创新要求[a]	0.77
cyjshj3:企业技术创新所需设备应达到足够技术水平	0.77
cyjshj2:原材料、零(部)件使用的成本可为技术创新企业所接受	0.75
cyjshj5:企业技术创新所依托的模块体系达到标准化、通用化的水平	0.50
特征根	2.62
对总方差的解释力(%)	52.4

注:[*]N = 137。
因子榨取方式:主成分分析法。
旋转方式:Varimax with Kaiser Normalization。
a 本表仅保留因子负荷大于 0.3 的项目。

表 7-5 的结果表明,预设的 5 个项目中,能抽取一个公因子而且各项目对形成公因子的贡献显著(除有一个项目因子负荷等于 0.5,其他均大于0.5),信度分析结果表明,该 5 个项目内部信度水平较高(Cronbach's alpha值为 0.80)。

7.1.4 进入壁垒

预设的进入壁垒测量项目有 8 个，对这 8 个项目进行三轮探索性因子分析，得到分析结果如表 7-6 所示。

表 7-6 进入壁垒因子分析结果[*]

进入壁垒	因子 1 负荷	因子 2 负荷	因子 3 负荷
jrbl2：如果是新进入行业，进入壁垒适中，愿意通过技术创新来打破进入壁垒[a]	0.86[b]		
jrbl3：如果行业进入壁垒适中，在位企业愿意通过技术创新巩固市场地位，获得新增收益	0.86		
jrbl7：能够获得技术专利的技术项目是企业技术创新的首选项目		0.88	
jrbl8：能够成为产业技术标准的技术项目是企业技术创新的首选项目		0.82	
jrbl4：如果行业进入壁垒较低，市场竞争过于激烈，企业很难获得创新收益			0.87
jrbl5：如果行业进入壁垒较低，技术创新成果容易被模仿			0.85
特征根	1.60	1.51	1.51
对总方差的解释力（%）	26.7	25.2	25.2

注：[*]N = 137。
因子榨取方式：主成分分析法。
旋转方式：Varimax with Kaiser Normalization。
a 被删除的测量项目包括"如果行业存在高进入壁垒，会延缓创新开始时间"和"技术创新产品的需求量是否足够大"。
b 0.30 以下的跨因子负荷在本表中被忽略。

从表 7-6 因子分析结果可以看出，从预设的 8 个测量项目中，经过精练之后，能抽取三个特征根大于 1 的公因子，这三个公因子由 6 个项目构成，分别为每两个项目构成一个公因子。本书对以上三个公因子的命名分别为"技术壁垒破除""技术壁垒设置"和"技术壁垒价值"（负向计分，即该维度得分越高，壁垒价值越低下），三个维度的信度系数分别为 0.72、0.68、0.67。

企业技术创新时机选择问题研究

7.1.5 企业营销能力

采用上述探索性因子分析的方法，对企业营销能力的预设测量项目进行精练，得到的分析结果如表 7-7 所示。

表 7-7 企业营销能力因子分析结果[*]

企业营销能力	因子负荷
yxnl5：企业有多种渠道模式销售技术创新产品	0.81[a]
yxnl4：企业在创新产品销售方面有丰富经验	0.80
yxnl6：企业具有稳定的技术创新产品用户	0.77
yxnl2：企业营销部门有专门的市场调研部门，更能获取准确的技术市场信息	0.74
yxnl3：企业在行业内具有较好的口碑，同时消费者（客户）对企业产品一直很满意	0.73
yxnl1：企业对于技术创新产品推出市场具有很强的定价能力	0.71
特征根	3.48
对总方差的解释力（%）	58.1

注：[*]N = 137。
因子榨取方式：主成分分析法。
旋转方式：Varimax with Kaiser Normalization。
a 本表仅保留因子负荷大于 0.3 的项目。

表 7-7 因子分析结果表明，从预设的 6 个企业营销能力测量项目能抽取一个公因子，6 个测量项目对形成公因子的贡献显著（因子负荷均大于 0.5），信度分析结果表明，该 6 个项目内部信度水平较高（Cronbach's alpha 值为 0.81）。

7.1.6 管理者特质

鉴于管理者的预设测量指标仅有两个，所以不用因子分析方法对项目进行精练，直接保留。信度分析得到的信度系数 Cronbach's alpha 值为 0.57，比推荐值（0.7）要低，但接近可接受水平（0.6）。

7.1.7 技术创新时机选择

如本文第 5 章所介绍,本书在具体操作上,预设了四类技术创新实践状况,让企业管理者对照并将自己所在的企业归入其中某一种情况:一是技术实现和价值实现都已成功完成;二是技术实现完成但价值实现未成功;三是有创新意愿,正在技术实现过程;四是产生创新意愿。在问卷发放与填写过程中,管理者被允许有五种情况,即企业尚未产生相关意愿,不予填答此问题。为了实现对以上各种情况的量化,本书分别赋予以上五种情况以不同的值(情况 1%~100%、情况 2%~90%、情况 3%~80%、情况 4%~60%、情况 5%~50%),表达企业技术创新时机选择的成功程度。

7.1.8 各变量之间的测量区分效度

在探索性因子分析的基础上,本书对上述多项目测量的变量进行了基于结构方程模型(Structure Equation Modeling,SEM)的验证性因子分析。验证性因子分析技术不仅能将以上独立进行的探索性因子分析得到的所有因子纳入同一个模型中进行结构分析,还能检测各测量指标之间的区分度(Discriminant Validity)。其基本思路是,当变量测量具有区分度时,把不同变量的测量指标人为强行合并到一个假想潜在因子中时,则结构方程模型拟合优度(Fit Indices)则会出现明显的恶化,说明该合并是不合适的。反之,如果强行合并但没有出现模型拟合优度的明显变化,说明合并是可接受的,也即多个变量的测量指标之间有高度的互换性,也即变量测量的区分效度不达标。

以下表 7-8 给出的验证性因子分析的结果,该分析是基于 LISREL 8.0 软件(Jöreskog and Sörbom,1993)做出的。

表 7-8 验证性因子分析结果

	χ^2	df	RMSEA	p for close fit	CFI	IFI	$\Delta\chi^2$	Δdf
模型1：八因子（技术基础，营销能力，政策环境，产业技术环境—上游技术成熟度，进入壁垒—壁垒破除，进入壁垒—壁垒设置，进入壁垒—壁垒价值，管理者特征）	575.22	377	0.053	0.34	0.87	0.87	—	—
模型2：六因子（进入壁垒的三个维度合并为一个因子）	659.27	390	0.063	0.02	0.82	0.82	84.05^a	13^a
模型3：四因子（在模型2的基础上，将技术基础与营销能力因子合并，并将政策环境与产业技术环境合并）	808.00	399	0.086	0.00	0.72	0.73	232.73	22
模型4：一因子（所有项目归于同一因子）	1069.46	405	0.130	0.00	0.61	0.66	494.24	28

注：a 与基础模型的 χ^2 和 df 进行对比。

以上一系列验证性因子分析包括了 4 个模型：模型 1 为以上从探索性因子分析得到的"8 因子—30 测项"的基础模型；① 模型 2 是在基础模型上将进入壁垒的三个子维度合并为一个因子，而其他因子保持不变；模型 3 是在模型 2 的基础上进一步将技术基础与营销能力（均属于企业的能力范畴）合并，以及将政策环境与产业技术环境（均属于环境因素范畴）合并而得到；模型 4 则将所有测量项目合并到同一个因子中，得到一个单因子模型。

从表 7-8 的分析结果看，四个模型中，八因子基础模型拟合最好——χ^2 统计量与自由度（df）的比值相对较小（小于 2），特别是 RMSEA（Root Mean Square Error of Approximation，Browne & Cudeck，1993）② 的值较小为 0.053

---

① 八因子包括：①技术基础（包含 6 个测项），②营销能力（包含 6 个测项），③政策环境（包含 5 个测项），④产业技术环境—上游技术成熟度（包含 5 个测项），⑤进入壁垒—壁垒破除（包含 2 个测项），⑥进入壁垒—壁垒设置（包含 2 个测项），⑦进入壁垒—壁垒价值（包含 2 个测项），⑧管理者特征（包含 2 个测项）。
② RMSEA 是目前广泛接受的评价模型拟合程度的指标，这一指标对模型错误界定比较敏感，RMSEA 越小说明模型拟合得越好，与之相伴的 p for colose fit 不显著的情况下（p > 0.05）意味着模型拟合好。

（p > 0.05），这说明以上探索性因子分析的八因子结构是合适的，虽然 CFI、IFI 指标并不能达到一般所要求的"大于 0.9"的水平（Hu and Bentler，1999），但我们意识到该问题是由于验证性因子分析的结构方程模型中纳入了太多的分析项目（n = 30）而引发的模型极度复杂（df > 300）而带来的负面效果。

另外，将八因子基础模型与其他设定的备选替代模型（Alternative Models）相比较，发现其他备选替代模型的拟合程度均明显劣于基础模型，所以我们认为本书确定的八因子测量是合适的，各因子之间也存在着明显的区分效度，并不存在某两个或多个因子测量项目可以互换、合并的潜力。这种情况下，本书测量的变量间区分效度得到确认。

评价测量模型好坏的指标，也可以辅助性地通过每个观测变量在潜变量上的负荷来考察，一般来说，如果观测变量在潜变量上的负荷较高，在误差上的负荷较低，则表明模型质量好，测量项目之于因子的关系可靠。由于其他替代模型的总体拟合指标较差，在此仅列出八因子基础结构模型的因子负荷结果，如表 7-9 所示，各项目分别在各自因子上的负荷均超过了 0.5（除其中一个为 0.44，该项目的负荷系数也在 0.01 水平下显著），而且同一因子下的因子负荷分布相对均匀，表明归纳的因子对测量项目有足够代表性，符合测量的聚合效度（Convergent Validity）原则。

表 7-9 观测变量在潜变量上因子负荷（完全标准化解）

	技术创新基础能力	营销能力	政策环境	产业技术环境	壁垒破除	壁垒设置	壁垒价值	管理者特征
技术创新基础能力								
jsjc2	0.58							
jsjc3	0.70							
jsjc4	0.77							
jsjc5	0.63							
jsjc6	0.60							
jsjc7	0.57							

续表

	技术创新基础能力	营销能力	政策环境	产业技术环境	壁垒破除	壁垒设置	壁垒价值	管理者特征
营销能力								
yxnl1		0.66						
yxnl2		0.71						
yxnl3		0.65						
yxnl4		0.72						
yxnl5		0.77						
yxnl6		0.72						
政策环境								
zchj1			0.70					
zchj2			0.68					
zchj3			0.71					
zchj4			0.80					
zchj5			0.61					
产业技术环境—上游技术成熟度								
cyjshj1				0.67				
cyjshj2				0.66				
cyjshj3				0.64				
cyjshj4				0.69				
cyjshj5				0.44				
进入壁垒—壁垒破除								
jrbl2					0.81			
jrbl3					0.71			
进入壁垒—壁垒设置								
jrbl7						0.70		
jrbl8						0.75		
进入壁垒—壁垒价值								
jrbl4							0.67	
jrbl5							0.76	

续表

	技术创新基础能力	营销能力	政策环境	产业技术环境	壁垒破除	壁垒设置	壁垒价值	管理者特征
管理者特征								
zljg1								0.71
zljg2								0.58

注：所有因子负荷均在 0.01 水平下显著（双尾）。

7.2 假设检验分析

7.2.1 逻辑回归分析和相关系数

在获得可靠的变量测量基础上，我们可对本书提出的研究假设进行检验。表 7-10 列出了研究主要变量的基础性统计分析信息，包括变量均值、标准差，以及变量之间的关系。

本书采用最小二乘（Least Square Method）回归分析方法对假设进行实证检验。之所以采用逻辑回归，是因为本书中的技术创新时机选择本质上必须依赖于某一特定时点上的"是—否"二元选择，为了更细化对该问题的研究，本书把创新时机选择操作化为两个哑变量（Dummy Variable），其中一个哑变量表示该时点上企业是否进行技术层面的创新，另一个哑变量表示该时点上企业是否进行了价值层面的技术创新，即推动技术创新向产业化、商业化运作。

在具体操作上，我们将选择有成功的技术创新产品案例的企业，认定为技术与价值双重实现；将选择有技术创新产品案例（或正从事技术创新）但没有（或尚未）成功的企业，认定为技术实现但价值未能实现；将还未着手

表 7-10 研究主要变量的均值、标准差以及相关系数

	1	2	3	4	5	6	7	8	9	10	11	12	13	14	15
1. 行业—机械制造															
2. 行业—建筑业	-0.15														
3. 石油化工业	-0.20*	-0.14													
4. 所有制—国有企业	0.16	-0.09	0.04												
5. 所有制—私营企业	-0.19*	0.18*	-0.09	-0.77**											
6. 政策环境	0.00	0.14	-0.02	0.08	-0.06										
7. 产业技术环境—上游技术成熟度	0.03	0.09	0.06	0.10	-0.14	0.41**									
8. 进入壁垒—壁垒破除	0.06	-0.13	-0.06	-0.02	0.01	0.40**	0.37**								
9. 进入壁垒—壁垒设置	-0.07	0.07	-0.02	0.01	-0.02	0.22*	0.35**	0.26**							
10. 进入壁垒—壁垒价值	-0.04	0.11	-0.13	-0.04	0.09	0.07	0.12	0.15	0.29**						
11. 技术创新基础能力	0.06	0.09	0.07	-0.04	0.04	0.41**	0.35**	0.43**	0.31**	0.30**					
12. 企业营销能力	0.05	0.04	-0.10	-0.03	0.04	0.24*	0.28**	0.30**	0.32**	0.29**	0.62**				
13. 管理者特征	0.02	-0.07	0.05	-0.16	0.12	0.03	0.15	0.26**	0.18*	0.18*	0.40**	0.60**			
14. CEO 持股比例[a]	-0.15	0.01	-0.13	-0.55**	0.59**	-0.11	-0.12	-0.02	-0.09	0.09	0.02	0.01	0.09		
15. 时机选择	0.07	0.07	0.13	0.04	-0.03	0.49**	0.49**	0.46**	0.46**	-0.05	0.48**	0.39**	0.29**	-0.28**	
平均值 (Mean)	0.18	0.09	0.16	0.45	0.42	3.73	3.69	4.01	3.65	3.64	3.86	3.76	3.93	1.87	0.72
标准差 (SD)	0.38	0.29	0.37	0.5	0.49	0.84	0.59	0.7	0.86	0.97	0.66	0.67	0.78	1.17	0.18

注：N = 137。
a CEO 持股比例的度量：“1”表示不持股，“2”表示持股比例为 10%~30%，“3”表示持股比例为 31%~50%，“4”表示持股比例为 51%~70%，"5"表示持股比例为 71%及以上。
** 表示在 0.01 水平上显著。
* 表示在 0.05 水平上显著。

实施的企业归为双重未实现企业。以下的逻辑分析是基于两个哑变量单独做出的，但为了节省篇幅，在列表呈现回归分析结果时，将两套分析结果并列给出。

最后，关于控制变量的最终选择，由于在我们认定的有效问卷中，企业规模问题的回答有较多缺失，鉴于本书获得的样本量本身就比较小，如果纳入企业规模的分析，将会使真正进入分析的企业样本单元数更少，所以最终我们决定在回归分析中放弃企业规模。我们选择了企业的所有制（Ownership）和所属行业（Industry）这两种控制变量，在我们的企业样本中，比较典型的所有制类型有国有企业（占 45.3%）和民营企业（占 41.6%），所以，最终控制变量选择这两种所有制。

样本企业的行业分布较为广泛，最为集中的三个行业是机械制造业（企业数占样本总量的 17.5%）、商业及金融业（16.1%）和 IT 业（9.5%）。鉴于其他行业的企业数量少，控制的统计意义不大，控制后对结果造成的影响预计也很小，于是，在进行回归分析时，控制这三个分布最集中的行业。

7.2.2　回归分析结果

表 7-10 列出的相关关系表明：政策环境与企业技术创新时机选择之间呈正向关系（r = 0.49，p < 0.01）；上游技术成熟度与产业技术创新时机选择之间呈正向关系（r = 0.49，p < 0.01），且相关性系数值与以上政策环境—时机选择关系相同；壁垒破除与技术创新时机选择之间的关系为正向显著（r = 0.46，p < 0.01）；壁垒设置与技术创新时机选择之间的关系为正向显著，其相关系数值也为（r=0.46，p < 0.01）；壁垒价值与时机选择之间相关性不强（r = −0.05，ns[①]）；企业创新的技术基础能力与时机选择之间的关系为正向且显著（r = 0.48，p < 0.01）；企业营销能力与时机选择之间的关系为正向

---

① ns = not significant（不显著）。

显著（r = 0.39，p < 0.01）；管理者特征与时机选择之间的关系为正向显著（r = 0.29，p < 0.01）；最后，CEO 持股比例与时机选择之间的关系为负向显著（r = –0.28，p < 0.01）。

表 7-11 列出的分步骤回归模型中得到的变量的标准化回归系数、对应模型的总体拟合参数，以及模型比较的相关统计检验结果中，R^2 是"决定系数"，表示的是结果变量的总体变异程度被加入方程的所有解释变量①，该值越大，意味着解释变量对结果变量的预测成功率越高。一般而言，R^2 随着解释变量的不断加入回归方程而逐渐变大（当然，最少保持不变，不可能变小），因为新加入的解释变量或多或少（最低为 0）与结果变量有关系，因而对于结果变量的被解释程度有所贡献（最低为 0）。ΔR^2 是不同模型间的 R^2 的比较，通过考察 ΔR^2 数量值的大小以及显著程度，可评估新加入变量总体上对于结果变量解释力的独特贡献（Unique Contribution）。

表 7-11　回归结果

解释变量 \ 结果变量	时机选择	
	Step 1	Step 2
Step 1：控制变量		
1. 行业—机械制造	0.10	0.05
2. 行业—建筑业	0.13	0.05
3. 行业—石油化工业	0.16†	0.09
4. 所有制—国有企业	0.06	0.04
5. 所有制—私营企业	0.03	0.20*
Step 2：预测变量		
6. 政策环境		0.22**
7. 产业技术环境—上游技术成熟度		0.14*
8. 进入壁垒—壁垒破除		0.19**

① 例如，在 Step 1 中是指所有控制变量，在 Step 2 中是指包括了控制变量和预测变量的所有变量。

续表

解释变量 \ 结果变量	时机选择	
	Step 1	Step 2
9. 进入壁垒—壁垒设置		0.32**
10. 进入壁垒—壁垒价值		−0.29**
11. 技术创新基础能力		0.16*
12. 企业营销能力		0.06
13. 管理者特征		0.08
14. CEO 持股比例		−0.25**
R^2	0.04	0.65**
ΔR^2	0.04a	0.61**b
F	1.03	15.96
ΔF	1.03	23.36

注：N = 137。
a 与没有加入任何解释变量的模型相比较。
b 与前一步回归模型相比较。
** 表示在 0.01 水平上显著。
* 表示在 0.05 水平上显著。
† 表示在 0.10 水平上显著。

从表 7-11 给出的结果可知，在控制变量中，石油化工业哑变量对结果变量的影响为近似显著（Marginal Significant）（β = 0.16，p < 0.10；Step 1），意味着相对于其他行业，石油化工企业在技术创新方面倾向于更加积极。

在预测变量方面，政策环境与技术创新时机选择之间的关系显著（β = 0.22，p < 0.01；Step 2），且为正向，意味着当国家采用一系列制度、金融等政策措施鼓励企业进行企业技术创新时，企业更愿意实施企业技术创新，因而本书假设 1 获得数据支持。当产业技术环境（上游技术成熟度）对企业技术创新时机选择的影响为正向显著（β = 0.14，p < 0.05；Step 2），这意味着上游技术越成熟，企业越可能实时择机进行技术创新，因此假设 2a 获得了数据支持。进入壁垒的三个维度均对结果变量技术创新时机选择有影响，其中，壁垒破除维度对于时机选择影响的标准化回归系数（β）为 0.19（p < 0.01；Step 2），壁垒价值的影响之标准化回归系数（β）为 0.32（p < 0.01；

Step 2），壁垒价值的影响之标准化回归系数（β）为 –0.29（$p < 0.01$；Step 2）。以上结果意味着，当进行一项技术创新可破除行业内的其他企业设置的壁垒时，企业愿意动用力量推动技术创新实现，因此假设 3a 获得数据支持；进一步地，当技术创新可能为竞争对手设置技术壁垒时，企业也会不遗余力地促进技术创新付诸实现，因此假设 3b 获得数据支持；最后，当技术创新可能创造的壁垒容易被同行其他企业所越过而难以获得超额利润时，企业将不愿意实施技术创新，因而假设 3c 亦获得数据支持。至于假设 4 所预测的企业技术创新基础能力对于企业创新时机选择的正向影响，从表 7–11 所列的结果看，也获得了支持（$β = 0.16$，$p < 0.05$；Step 2）。另外，CEO 持股比例对于企业创新时机选择也有影响（$β = -0.25$，$p < 0.01$；Step 2），CEO 持股比例越高，越倾向于动议企业推后企业实施技术创新。

总体上，以上显著影响结果变量的预测因素对于结果变量方差解释的贡献比率是 61%，达到了很显著的程度（$p < 0.01$），意味着这些因素对于结果变量的解释力很强。

另外，从表 7–11 可知，本书提出的一些假设没有获得数据的有效支撑，例如未发现营销能力对结果变量的影响（$β = 0.06$，ns）以及管理者特质对结果变量的影响（$β = 0.08$，ns）。

本章小结

本章运用本书建立的概念模型和样本数据，对研究提出的假设进行验证，并对数据进行了一些简要的说明和探讨。本章的验证工作，使我们能够通过科学的方法判断假设是否成立，从而得出企业技术创新时机选择影响因素的相关结论，为本书的结论分析奠定科学的基础。

8 研究结论与建议

本章旨在讨论实证分析得到的结果,并在此基础上,深入讨论研究结果的理论贡献和实践意义,并提炼出一些对理论和实践有价值的研究结论。最后,总结本书的局限之处和未来研究方向。

8.1 假设检验结果总结及讨论

8.1.1 假设检验结果总结

本书共有 14 个假设,检验分析结果共有 8 个获得支持,2 个获得部分支持,4 个没有获得支持。为了更清楚地说明研究结果,本书将所有假设结果汇总在表 8-1 中。

表 8-1 本书假设检验汇总表

假设	检验结果
H1:政策环境→时机选择	获得支持
H2:产业技术环境→时机选择	部分支持
H2a:上游技术成熟度→时机选择	获得支持

续表

假设	检验结果
H2b：同类技术发展程度→时机选择	由于"同类技术发展程度"测量性质不太理想，本书放弃对该假设的实证检验
H2c：下游市场需求成熟度→时机选择	同上原因，放弃检验该假设
H3：进入壁垒→时机选择	获得支持
H3a：技术壁垒破除→时机选择	获得支持
H3b：技术创新壁垒→时机选择	获得支持
H3c：技术壁垒价值→时机选择	获得支持
H4：企业技术基础→时机选择	获得支持
H5：企业营销能力→时机选择	未获得支持
H6：管理者因素→时机选择	部分支持
H6a：管理者特质→时机选择	未获得支持
H6b：CEO持股比例→时机选择	获得支持

8.1.2 假设检验结果讨论

通过对国内137家企业的样本数据分析，得出一些研究结论。下面将围绕本书的核心命题对第7章的实证结果（见表7-11）讨论如下：

8.1.2.1 政策制度环境影响企业技术创新时机选择

实证研究结果表明，政策制度环境对企业技术创新时机选择有显著影响，具体结论如下：

政府环境因素对企业技术创新时机选择有显著影响作用，这说明政府政策环境的变化和调整会影响企业技术创新时机的选择。企业为了在特定的环境中获得持续经营，其结构及功能运作模式都应该符合环境对企业的需要，与环境保持一致是减少冲突、降低成本的好策略。根据本书，政府政策影响企业运营的环境，既然政府鼓励技术创新，企业为了获得对环境的适应，就必须想办法去创新，积极投身到技术创新活动中去；反之，政府政策不鼓励企业创新，即便企业拥有技术创新的实力，他们也不愿意动用实力去选择和推动技术创新。实证结果恰恰证实了制度理论对企业活动与制度之间关系的理论,说明政府各方面政策扶持企业技术创新力度越大,越适合技术创新,企业会在政府支持企业技术创新的政策春风中,积极展开技术创新;反之,政府政策不鼓励企业技术创新,或者政策中并没有对企业相关技术创新的政策引导和鼓励措施,那么企业就不愿意推动技术创新。对于企业来讲,政府政策环境越鼓励技术创新,政策越适合创新,那么企业越有意愿选择采取技术创新活动。

本书认为,政府对于财政、金融等资金方面的支持是企业技术创新时机选择的硬环境,扶持政策是企业技术创新时机选择的软环境。从实证分析结果可以看出,企业会很敏感地感受到政府对技术创新在财政、资金、税收等方面的信号,由此来判断和选择企业最适合的行为。从经济学角度分析,企业是一个经济利益最大化的组织,那么企业会选择对自身最好的方式来促进企业的发展,正因如此,企业技术创新一个非常核心的保障就是充沛的资金支持。政府财政政策的扶持并不能完全满足企业技术创新的资金需求,而更多的资金需求,很大一部分需要靠金融市场来筹集。很多发达国家(如美国)金融体系高度发达,但也考虑高新企业与中小企业需求不同,设置不同层面的融资政策;日本也采取不同机构针对不同企业需求的政策。企业技术创新资金同时来自直接融资和间接融资两种,不仅需要政府金融支持和金融信贷支持,同时也需要通过创业资本和股票等方式融资。在政府的政策中,还有一类是软环境,即政府政策性的信号会引导企业将资金投入到技术创新活动中,同时也吸引其他资金投入到企业技术创新的活动中。这类政策包括专利权制度。若政府有完善和健全的相关企业技术创新配套政策,企业会在今后创新技术的安全性上得到保障,企业的经济效益和利益也不会有后顾之忧。

8.1.2.2 产业与市场结构和环境影响企业技术创新时机选择

实证研究结果表明,产业与市场结构和环境对企业技术创新时机选择有

显著影响,具体结论有以下两点:

第一,本书通过三个方面测量产业与市场结构和环境企业,即上游技术成熟与稳定、水平企业技术替代作用及市场消费者特性和技术水平。通过问卷调查数据和信度验证及因子分析,问卷中后两个维度数据不达检验的基本要求,因此,本书将上游技术成熟与完善度再次进行探索性因子分析,通过分析后,由上游技术成熟与完善度作为产业与市场结构和环境的唯一测度,这一测度对企业技术创新时机选择有着显著的正相关关系。

第二,上游技术的成熟和稳定与企业技术创新时机呈正相关关系,即企业在着手技术创新项目时,上游技术的稳定和成熟是企业在技术创新时机选择的决定因素。因为,只有上游技术非常成熟,也就是本阶段技术创新所必须依靠的零部件、模块及设备都具有成熟和稳定特性时,才有利于企业把握技术创新的标准和起点。同时基于规避风险和成本控制等因素,企业于此刻进行创新是更稳定和可靠的。

本书认为,上游技术成熟度和稳定度有利于规避风险。比较上游节点、下游节点和横向节点,上游节点的技术成熟水平是企业衡量自身技术基础能力和选择技术创新时机的重要影响因素。在20世纪60年代以前,西方技术创新理论界占据主流地位的思想是,以技术推动是企业技术创新的动力,重要的技术创新都是由技术推动而产生的,比如当时的半导体、电视机、计算机、尼龙技术、核能等重要的划时代的技术创新技术。同时代,也有学者认为企业的技术创新应该着眼于未来的市场,认为需求比技术更加重要,因此,技术驱动和市场推动之间的争论一直持续到20世纪80年代,后来的学者普遍将两种思想结合,认为企业技术创新的过程是非常复杂的,不可能确定某因素就是唯一的基本决定因素,大多都认为成功的技术创新同时决定于技术推动和需求拉动,即"双重推动模式"。企业是一个经济效益最大化的组织,技术创新对企业来讲本身就是一个风险性很强的活动,企业技术创新问题上,是由多个因素起作用的,特别是技术动力和市场需求,两者是企业在是否进行技术创新时需要考虑的问题。关于市场的考虑,对于企业来讲已经不仅是一个技术创新时需要特别考虑的问题,这个关注点是渗透在企业每一个环节的。

本书关注点正是基于此,但也区别于此。我们研究的企业是一个致力于技术创新的企业,因此企业对外部市场需求考察已经成熟,同时也体会到日新月异的技术压力,技术创新迫在眉睫,然而选择技术创新的时机,是需要在规避技术风险的基础上进行的。实证结果给出了非常有效的证明,上游节点的技术成熟度会规避企业的技术风险,那么企业在技术创新时机选择时会特别考虑上游技术成熟度;相反,如果上游技术不成熟,即使企业拥有很好的基础能力,也不会贸然选择去技术创新。

此外,产业上游技术越成熟,更有利于为下游技术搭建平台,更有利于企业技术创新选择时机。随着产业内分工的不断细化和专业化,产业内不同类型的经济活动是由多个企业共同完成的,因此构成了产业内存在技术关联的企业,这些企业构成上下游关系,共同创造产业内价值。一个层级的技术成熟会对产业内具有关联的技术产生影响。从逻辑上来讲,任何技术可能是一个产业的上游技术,同时也是下一个产业的下游技术。对于企业来讲,其从事的核心技术所依托的上游技术的成熟和稳定,会为下游技术搭建平台,也会为其创造良好的技术创新外部氛围,处于其中的企业会因为技术推动作用而发挥其自身的技术基础能力,随时开展技术创新。反之,如果上游技术越不成熟,那么企业即使具备自身能力,也会因为有技术风险和市场风险而不选择技术创新。

8.1.2.3 进入壁垒影响企业技术创新时机选择

实证研究结果表明,进入壁垒与企业技术创新基础能力之间的交互作用对企业技术创新的技术实现有显著影响,即进入壁垒与企业技术创新时机选择呈显著正相关关系。具体结论有以下几点:

第一,壁垒破除与企业技术创新时机选择呈显著相关关系,且具有统计显著水平。这一数据表明,行业中原有技术壁垒破除的可能性越大,那么越会驱动企业进行技术创新,因此,壁垒破除会影响企业的技术创新时机。

第二,壁垒设置与企业技术创新时机选择呈显著相关关系,且具有统计显著水平。这一数据表明,企业如果进行技术创新,该技术创新的成功可能为竞争企业设置技术壁垒,那么企业更愿意从事和实施此类技术创新。

第三,壁垒价值与企业技术创新时机选择呈显著相关关系,且具有统计显著水平。这一数据表明,企业进行的技术创新如果为行业带来的技术壁垒较低,市场上容易被模仿,竞争激烈,那么它为企业带来的经济价值不够大,这种技术创新虽然创新成本低、门槛低,但企业会更倾向于不实施该技术创新。

本书认为,首先,设置高的技术壁垒,是企业技术创新时机选择的重要影响因素。企业是一个经济利益最大化的组织,企业的技术研发和科研院所的研发存在的本质区别就是,企业的技术创新是为了取得经济效益。在实证分析中,本书将取得专利和技术标准作为高壁垒的定义。数据表明,企业创新的技术如果进入高壁垒,难以模仿,那么企业更愿意从事此类技术创新。基于资源理论视角,该理论认为拥有"有价值的、稀缺的、不可模仿和不可替代"的资源是企业取得持续竞争力的资源基础。持续竞争优势理论(Hofer and Schendel, 1978)认为,企业要想获得持续竞争优势,需要企业具有独特的、并针对竞争对手发掘的、能给企业带来持续的而且超越竞争对手的能力,这个竞争优势可以是内生的、由内部基础和核心能力决定,也可以由外部环境条件赋予,这个竞争优势是企业的综合能力,并具有持续生命力。

如果一个企业能够通过创新建立起新的技术壁垒,那么这将促进技术基础能力发挥作用。当今市场的竞争空前激烈,任何一个企业如果不能很好地保护自己的创新成果,那么就很难从创新活动中获得超额利润。正如以往文献所指出的,创新是一种具有正外部性的活动,这是对整个社会而言的;从相反的角度看,也可以认为创新活动潜在地存在被其他企业"搭便车"的风险。如果企业能够很好地防止其他企业的模仿和抄袭，那么企业就能够从创新活动中获取大量的超额收益，以弥补其创新活动的投入。显然，企业在选择创新时机时，应当考虑技术壁垒的设置这一因素。如果企业能够较好地设置技术壁垒，那么企业基础能力将能够得到更好的发挥。

其次，技术壁垒带来的预期经济价值会对企业技术创新时机选择有显著影响，也就是技术壁垒低，市场竞争激烈，就更难为企业带来经济效益，于是企业不选择此类创新。这一结论与西方学者（Bain，1956；Mann，1996；Weiss，1974）对技术壁垒与经济效益的实证研究结果类似，即技术壁垒利润和自己对进入壁垒主观估计间的关系，具有高进入壁垒的市场要比具有较低壁垒的市场有更高的利润，因此企业更愿意进入此类市场。

最后，进入高壁垒的市场具有更大挑战性，而突破该技术壁垒会成为企业选择技术创新时机的动力。这一研究与国内学者（如汪伟等，2005；罗党论和刘晓龙，2009）对于壁垒破除对企业技术创新影响结论类似。企业在面对技术创新前景时，希望提高企业进入壁垒，从而使新企业进入市场的难度随之增大，因为一旦新企业突破壁垒进入市场后，新企业往往会获得信息优势、技术优势以及稀缺资源，从而大大提高资源配置净收益，为新企业带来高的经济收益。

8.1.2.4 企业技术基础能力影响企业技术创新时机选择

实证研究结果表明，企业技术基础能力与企业技术创新时机呈正相关关系，且具有统计显著水平。这表明，作为技术创新基础的技术能力，对企业技术创新时机选择有很显著的影响，技术基础能力越高，企业选择技术创新时间时就越游刃有余。

本书认为，技术基础能力是企业技术创新整个过程的基础因素。它受到企业可支配资源、组织环境、管理能力等因素的影响和限制，以上因素导致每个企业都具有独特性，因此企业基础技术能力也是独特的，同时也是企业必须基于的因素，是一个不可选择的因素。

从技术基础能力各方面来看，技术战略是企业获得经济效益能力的基础和驱动器。技术战略是企业取得持续竞争力的重要影响因素。传统研究中，通常认为企业是在决定战略后再考虑技术，仅把技术当作是企业战略执行过程中的一个问题。本书结论与此不同，认为在技术选择的时候，如果企业有明确的技术战略，那么对于技术机会挖掘和创新时机把握都有良好的作用；如果技术战略没有明确，那么会出现如何把技术层面考虑在企业战略过程中、技术的选择并没有符合企业战略的定位等问题，因此技术战略的设定对企业成功获得核心竞争力有着重要影响。技术战略的重要含义就是企业的重要战略性的技术机会选择。技术搜索能力是企业技术创新时机选择的前提。本书重点在于创新项目开始的研究，技术挖掘能力和获取技术机会是这个问题的基础，技术搜索能力越强，企业会有更多的技术选择，可以为企业技术创新奠定基础，同时技术人员的素质是贯穿技术创新整个过程的重要因素。

8.1.2.5 企业营销能力和企业技术创新时机选择

实证研究结果表明，企业营销能力对企业技术创新时机不呈显著正相关，但具有统计显著水平。

本书认为，很多学者都将企业营销能力因素与企业技术创新产品进入市场时机相关联，因为产品进入市场需要更多在销售、市场和渠道方面的能力，良好的营销能力会影响企业选择产品进入市场的时机。本书实证数据显示营销能力不显著，主要因为本书关注于技术创新时机，在这个阶段企业并不会因为营销能力强弱而决定创新时机。通过研究我们可以认为，市场是可以培养的，顾客也可以培养，企业在创新之初的决策并不会直接与其销售、渠道和市场能力发生关系。

8.1.2.6 管理者因素影响企业技术创新时机选择

实证研究结果表明，CEO 持股比例对企业技术创新时机呈显著负相关，而管理者特质则没有显著相关，但具有统计显著。具体结论如下：

CEO 持股比例越低，越能促进企业技术创新基础能力发挥作用，更有利

8 研究结论与建议

于企业技术创新时机的选择。而管理者特质对于技术创新时机选择来说，影响不显著。

尽管国家在政策层面上、产业技术层面上，已经从多个方面、角度和渠道大力提倡、扶持和鼓励企业进行技术创新的投入，加快企业技术创新的步伐，但在企业层面有其他影响，究其原因，技术创新是高风险投资活动，这种风险是企业进行技术创新研发和决策必须考虑的因素。

本书实证结果显示，CEO 持股比例越低，那么其自身的风险就会与众股东分担，CEO 将更愿意尝试风险性大、对企业长远利益有好处的技术创新项目；而如果 CEO 持股比例增加，并增加到一定程度，那么 CEO 会基于自身利益考虑，希望规避风险，愿意把资金投入到风险不高且收益稳定的项目中，那么必然会减少企业技术创新的投入。这一结论与一些学者（Jensen and Meckling，1976；Holderness and Sheehan，1988；宋小保和刘星，2007）关于股权结构和企业技术创新投入的关系结论相似。

管理者特质在很多文献中都有提及，精神性因素对创业机会把握有很重要的作用，然而这些研究多偏重于中小企业的创业问题研究。在本书中，管理者往往是大中型企业高管及中层管理者，对于他们来说，他们更会从其经济性因素考虑关键性决策，同时会更相信数据和定量分析，而不会仅仅依靠自身的经历和性格去影响技术创新时机的选择。

8.2 研究贡献

8.2.1 理论贡献

本书属于探索性研究，采取实证分析的方法，对概念模型和相关假设进行了验证和分析。假设检验的结论最终可以归结为一点，即企业技术创新时机选择会受很多因素的影响，其中包括影响企业技术实现的因素和价值实现的因素，基于资源基础理论、制度理论和环境适配理论，政府政策环境、产业与市场结构和环境上游技术成熟度、进入壁垒、企业技术基础能力及CEO持股比例等因素会影响企业技术创新时机选择。具体而言，实证研究数据验证了以下推论：

第一，政策环境与企业技术创新时机选择的关系。当政府政策支持企业从事创新活动时，企业更愿意实现技术创新。也就是说，企业为了在特定的环境中获得持续经营，其结构及功能运作模式都应该符合制度环境对企业的需要，与环境保持一致是减少冲突、降低成本的好策略。政府鼓励技术创新，企业为了适应环境，就必须想办法去创新；反之，政府政策不鼓励企业创新，即便企业拥有相应的实力，他们也不愿意去选择和推动技术创新。

第二，上游技术成熟和稳定与技术创新时机选择的关系。当产业上游技术相对成熟可靠时，企业更愿意选择此刻创新。产业上游技术越成熟，越有利于企业技术创新时机的选择。

第三，进入壁垒与技术创新时机选择的关系。当可能的创新成果能形成较高壁垒时，企业更愿意推动创新的技术实现；当企业有希望通过技术创新实现突破技术壁垒、获得新增收益并巩固市场地位时，企业更愿意推动技术创新。当技术创新所带来的技术壁垒的价值不够大，企业倾向于不实施该技术创新。这说明，技术创新的风险性恰恰是其价值所在，高进入壁垒的市场往往伴随着高收益。研究中表明，高进入壁垒之所以是企业更愿意去尝试的，正是因为其可能带来的高收益。创新技术如果能成为行业的壁垒，那么企业更愿意从事此类创新，因为此类创新正是高壁垒的代表；如果技术壁垒破除相对容易，那么市场竞争则会很激烈，反而企业不愿意从事此类创新。

第四，企业技术基础能力与企业技术创新时机呈正相关关系。由此可见，对于创新时机的选择，企业自己闭门造车的时代早已过去，技术创新需要瞄准市场,抓住政策,放眼整个产业和行业,整体考虑企业技术创新战略和研发计划。企业自身基础能力是企业技术创新时机选择的基础和出发点,其他外部因素需要通过该因素发挥作用,并影响时机的选择。

第五,实证研究还显示,CEO持股比例影响技术创新时机选择。CEO持股比例较低,意味着企业风险将由CEO和众股东一起分担,此时CEO就愿意从事一些有风险的投资活动,例如技术创新。反之,CEO持股比例越高时,技术创新的风险将主要由CEO自己承担,这就降低了CEO开展技术创新的意愿。管理者特质作为精神性因素,在企业决策阶段并没有对技术创新时机产生显著影响。

第六,在我们列出的各行业中,更关注企业技术创新的是机械制造业和石油化工业,而建筑业则显示出并不关注技术创新的行业特性。这项指标与目前行业现状符合。建筑业中,政府往往都根据本地区龙头企业在建筑方面的各项指标,制定行业技术标准,其他企业都按此执行,因此建筑行业确实较少关注技术创新。

第七,研究数据还显示,虽然过去普遍认为企业营销能力在技术创新产品进入市场时机问题上具有显著影响,但是在本书中,营销能力对于企业技术创新时机并无显著影响。企业在研发之初的决策,往往会首先关注其技术层面的成熟、完善以及政策环境,营销能力并不会影响创新时机的选择。

以上研究结论证明、补充并发展了前人的研究,为国内学术界在企业技术创新时机选择问题的实证研究提供了有益的参考。

8.2.2 实践意义

根据实证研究得出的结论,我们下面将进一步阐述这些结论对国家制定创新政策及企业开展技术创新活动的意义。

第一,政府政策支持企业技术创新的政策导向是促进国家内生经济增长的重大推动力,同时也是加速技术创新步伐的必要调节。

企业技术创新时机选择问题研究

当今世界,高新技术飞速发展,技术创新是经济社会的加速器,在促进企业技术创新的过程中,政府发挥着越来越重要的作用,世界各国政府都在采取一系列激励措施,以促进企业的技术创新。从企业层面考虑,要适应和配合政府对社会经济和企业的要求,政府通过财政、税收等经济政策,来影响企业技术创新,从而改善企业的外部环境,鼓励企业及时、有效地进行原始的技术创新。我国各级政府应该探索出相关金融、税制、资金等政策,为各种类型的企业创造良好的、适合技术创新的环境,这样会促进企业技术创新的发展。具体而言,政府应该做好以下几方面的工作。

首先,要加大政府对企业技术创新的投入力度。与发达国家相比,我国在企业技术创新的投入方面还有很大不足。当前,需要各级政府建立稳定的财政科技投入机制,同时政府应注意调节资金的使用方向,加大对企业原始创新研究的支持力度。

其次,要建立完善的与技术创新相关的立法体系,加快完善并出台与企业技术创新相关法律法规和政策,特别应该对相关专利权法进行进一步的细化和专业化,以应对目前日新月异的技术创新活动。只有建立了完善的法律体系,才能使企业进行原始技术创新时没有后顾之忧。

最后,要促进和完善税收制度,支持企业技术创新。我国应该借鉴美、日、韩等国以税收激励政策激励技术创新的成功案例,通过直接减免税费、按研发投入减免税费、加速技术创新设备折旧及建立科研发展准备金制度等方面对进行原始技术创新的企业进行鼓励和支持。同时,应该出台行之有效的金融政策,切实支持企业进行技术创新。最桎梏企业技术创新的,可能就是资金风险。政府应加强对企业原始技术创新的经济支持,对企业科技成果转化项目等提供贷款,给予重点支持。同时政府可通过贴息和担保等方式引导其他商业金融机构支持企业技术创新,特别需要改善对中小企业技术创新的金融服务,加大技术创业风险投资,拓宽服务领域,积极满足中小型高新技术企业技术创新的融资需求。

8 研究结论与建议

第二，产业中的技术创新的"链式效应"会对产业技术水平产生倍增效应，从而也提高国家的整体技术创新水平。

产业链上下游企业若存在互为基础、相互依存的链条关系，那么这个产业价值链就会平稳地运行。根据实证分析结果，上游技术越成熟，越有利于企业技术创新，对企业技术创新时机选择越有影响。也就说明，一旦产业链中的某个技术环节非常成熟，那么必然会促进下个环节的技术加速创新，那么必然会要求上下游的企业能提供符合其技术发展和创新要求的设备、原材料、零部件及模块，同时需要有更完善的营销计划和技术的支持，形成良性循环，提高产业的整体竞争力，促进产业链中企业不断地链式创新，对产业链竞争力发展起到加速作用。产业发展不仅需要企业自身技术创新的不断进步，同时也需要注意产业内的良性循环。产业组织是连接国家和企业的重要中观环节，应该注重以下方面：首先，构建产业内促进技术创新的技术基础设施建设，加速产业内技术创新整体实力提升的速度。技术基础设施能更直接为企业技术创新服务，为企业进行技术研发构筑产业内的技术平台。其次，能鼓励产业内中小企业技术创新。产业内国有大中型企业是我国技术创新的主体，而目前我国政府应该充分发挥中小企业技术创新的积极性，在法律和政策上保护和鼓励中小企业通过技术创新来壮大实力。调整产业发展结构和方向，应该是目前提高产业竞争力的重要方向。

第三，企业在制定其技术发展战略时，应拥有以环境适应范式为指导的企业技术创新发展战略新视角。目前全球性竞争加剧，企业面临的政策、制度和经济环境变化迅速，科技竞争日益激烈，企业之间竞争也有增无减，随着环境变化步伐的加快，人们越来越认识到，未来是不可预测的，环境是不确定、不连续的，这些在很大程度上动摇了未来可规划可预测的战略规划。因此，基于环境的复杂性，仅从外部环境分析企业的技术发展也会有局限性，因此由网络优势理论提出的基于企业内部分析的战略思想，会强调战略的动态变化。企业的技术创新活动是一个复杂、牵扯许多部门和环节的活动，企业对于技术创新活动的态度会反映出其战略思想，或者说技术战略的思想，因此企业在制定其技术战略思想的时候，需要给予环境适应范式，将技术创新时机的决策过程放在自身基础能力和环境变化之中，促使企业技术创新时机的选择应是一个基于各方考虑的科学决策。

第四，鼓励 CEO 持股，同时不高于一定比例，有利于 CEO 以积极的态度和动力从事技术创新；有利于技术机会来临时，CEO 勇于选择技术创新。持股过高的话，CEO 自身持有的价值会直接与企业当下价值挂钩，风险过高的投资项目会使 CEO 自身承担的风险过大，那么 CEO 则不愿意从事创新。对企业来讲，技术创新可以说是高风险和高收益的投资项目。技术创新确实有可能给企业带来长期收益，可对于 CEO 而言，他们的任期是有限的，组织行为理论认为，管理者都会不自觉地去保障唾手可得的短期利益，倾向去牺牲长期利益。技术创新活动对于 CEO 来讲往往是一个长期的过程，从开始启动研发，到最后创新产品顺利市场化，为企业赢得可观的利润，可能经历的是几年或者十几年，相比较而言，如果没有经济性动因，会导致 CEO 放弃技术创新，或者被动接受创新。对于 CEO 来讲，企业给予他技术创新的动力，是企业技术创新发生并且持续的主要原因。技术创新过程很长、流程复杂，涉及机构也很多，很大程度上来讲也是一个难以监督的过程，CEO 在任何一个环境的决策是无法一一量化和监督的，那么解决该问题的办法就是将技术创新的风险分摊给 CEO 和众股东，使其追求以技术创新为核心的长期战略绩效目标。解决该问题的具体办法即 CEO 持股，但比例不能高，否则会导致他为满足个人私利而损害公司利益，比例如果控制科学得当，CEO 会关注企业的技术创新，从而在技术机会来临时，CEO 积极面对技术创新，能从企业基础能力和政策、产业等环境出发，选择正确的技术创新的时机。CEO 应形成有关产品技术创新的长远战略，而这正是符合企业自身战略和技术战略的。CEO 应保证必要的资源诉求，并确保不做他用。在技术创新项目实施过程中，企业 CEO 应对技术创新团队予以充分授权，在微观事项

8 研究结论与建议

上不予以干预,以免 CEO 自身精力不足,影响内生技术创新团队的自主性。CEO 不仅应对企业技术创新项目过程予以关注,同时也应对其成功的商业化予以关注,因为创新产品的绩效直接与 CEO 的考核挂钩,因此充分调动 CEO 的积极性,是企业技术创新时机选择的一个重要因素。

8.3 研究局限及研究展望

8.3.1 研究局限

尽管技术创新是一个永恒的研究主题,为国内外很多学者所关注,但是使用情景调节因素作为主要研究视角的还不多,其中涉及适配理论、制度理论、产业价值链等领域内的较为前沿的问题。由于研究者自身水平和研究经费等方面的限制,本书存在局限有待于进一步研究及在后续研究中再加以完善。局限性主要体现在以下方面:

第一,样本数据不足。本书关注点是企业技术创新时机选择的问题,最大的难题是调研数据的可获得性。企业技术创新时机选择在前,而衡量此次时机是否正确则是在随后的技术实现和价值实现中体现,因此我们在设计问卷之初希望被测量者能站在创新之初时点进行填报,而这个过程非常艰辛,在第一轮发放问卷回收率很低的情况下,笔者根据实际情况,修改问卷后再次发放,目前问卷主要调查的是企业在实际运营过程中,是什么因素影响企业技术创新时机的选择。由于研究涉及变量很多,这些数据需要具有一定知识背景的管理者和技术人员填报,因此很多填写者由于对问卷本身不了解,从而放弃了填写。

第二,研究设计有不足之处。本书主要是从相关文献和著作中设计研究方法，因此研究设计上难免有疏漏。如有必要，应对量表进行进一步的设计和完善，以探索出更加适合我国实际情况的量表。由于本书是一个探索性的研究，因此有些维度设计并不是非常科学，其实影响企业技术创新时机选择的因素还有很多，而本书主要根据文献推理和自己的研究重点，根据前人相类似的影响因素分析而得出的模型，难免有不完善的地方。

理论模型的建立是基于过程理论和适配理论，过程理论在技术创新领域有前人已经使用过，而适配理论在组织人力资源和战略环境领域被使用过，在技术创新领域还很少有人使用。

第三，研究方法不足之处。在研究方法选择上，由于受到样本和笔者自身能力所限，仅使用SPSS软件进行统计分析，未尝试其他方法。

8.3.2 研究展望

由于笔者自身水平有限，以及该问题尚属探索性研究，因此本书很多问题都是蜻蜓点水，没有深入探索，也有许多尚未解决的问题。同时也受到样本数据可获得性的限制，原有的一些研究设想并未完成，只能在后续的研究中逐步完善，以弥补此次研究的不足之处。在后续研究中，我们可以从以下几个方面进行努力：

第一，改变抽样方式，扩大样本的采集范围和数量。尽管本书通过多种渠道，花费大量时间和精力进行问卷发放与回收工作，获得的有效问卷能满足数据统计和分析所需要的样本量，但是由于实证研究方法调查的困难、经费和时间的约束，本书在实证分析上并非是真正意义上的大样本书，在样本选择上主要采取"随机抽样"和"方便抽样"两种方式相结合的方法，虽然样本涉及十余种行业、跨五个地区及不同所有制和规模的企业，但这种抽样仍然会有误差，因此，未来研究应该符合随机抽样的原则，扩大样本采集范围和数量，从而使样本更加具有代表性。

第二，采取实证研究和案例研究相结合的方法对该问题进行深度研究。

8 研究结论与建议

本书是一个过程研究，基于国内外文献和著作的分析，我们对影响时机选择的因素进行理论推导和分析，最终得到概念模型，通过实证分析，我们对理论模型的假设进行检验并最终得出结论。研究基于截面数据，未来应补充案例分析，可选择3~5个大型、中型和小型规模的、致力于技术创新的企业，对其技术创新活动进行长年跟踪，进一步验证和分析本书的假设，如果可能的话，可以对一个领域进行横向数据和纵向数据相结合的研究，对到底是什么因素影响企业技术创新时机的问题进行深度挖掘，这必然对国家、产业、企业三级组织的经济发展有所贡献。

总之，企业技术创新时机选择研究问题还属于探索阶段，对其度量和定量研究还较为抽象，而且具有一定难度。还有很多空白点和基础工作有待进一步填补和完善。希望本书能对我国理论界和实务界关于企业技术创新时机选择问题的定量研究有一定的推动作用，对未来的研究方向，还需要笔者和相关领域的学者进行进一步的研究和探索。

附 录

企业技术创新时机选择调查问卷

尊敬的女士/先生：

您好！非常感谢您在百忙中抽出时间来填写问卷。本问卷调查主要研究企业技术创新时机选择问题。您所提供的资料仅作为学术研究参考，您的热心帮助对本书顺利完成具有重大意义。如果您对本项目研究的成果感兴趣，敬请在问卷后注明，并留下联系方式，我们将会在项目研究结束后寄送研究成果供您参考！

为了本书需要，问卷中技术创新定义为"企业自主研发，包括新产品、新工艺、新的软技术等技术层面创新，不包括组织、模式和业务等创新"。

企业技术创新时机研究课题组

联系电话：136*****65　邮件：han×××@ruc.edu.cn

第一部分

基本信息（请您在认可的选项"□"处打"√"）

1. 贵企业所属产业：

□食品业　　　　　　　　　□纺织服装业

□机械制造业　　　　　　　□IT行业

□建筑业　　　　　　　　　□通信行业

□石油化工业　　　　　　　□生物及医药业

□商业及金融业　　　　　　□其他行业

2. 企业年销售总额约合（人民币元）：

□<500万　　　　　　　　　□501万~1000万

□1001万~3000万　　　　　 □3001万~1亿

□1亿~5亿　　　　　　　　 □5亿以上

□不清楚

3. 企业性质属于：

□国有企业（含国有控股）　□民营企业（含私人控股）

□外资企业（含外资控股）　□不清楚

4. 企业CEO持股比例：

□不持股　　　　　　　　　□10%~30%

□31%~50%　　　　　　　　 □51%~70%

□71%以上　　　　　　　　 □不清楚

5. 员工累计持股比例：

□不持股　　　　　　　　　□<10%

□11%~30%　　　　　　　　 □31%~50%

□51%~70%　　　　　　　　 □70%以上

□不清楚

6. 您的职务：

☐ 高管 ☐ 中层管理

☐ 其他

7. 您的工作性质：

☐ 技术 ☐ 生产

☐ 市场（销售） ☐ 行政后勤

☐ 其他

8. 您认为技术创新对于贵企业是否是重要的：

☐ 很重要 ☐ 重要

☐ 一般，但可以创新 ☐ 不重要

9. 2008~2010年企业内研发人员占员工总人数的平均比重为：

☐ <2% ☐ 3%~5%

☐ 6%~10% ☐ 11%~20%

☐ 21%~40% ☐ 40%以上

10. 2008~2010年企业研发投入在当年销售总额的平均比例：

☐ <0.5% ☐ 0.5%~1%

☐ 1%~1.5% ☐ 1.5%~2%

☐ 2%~5% ☐ 5%以上

☐ 不清楚

11. 2008~2010年推出技术创新产品的市场营销投入占当年销售总额的比例：

☐ <0.5% ☐ 0.5%~1%

☐ 1%~1.5% ☐ 1.5%~2%

☐ 2%~5% ☐ 5%以上

☐ 不清楚

12. 贵企业在 2008~2010 年内是否有成功的技术创新：

□是 □否

□否，但即将有

第二部分

序号	企业在选择何时进行技术创新时，是否会考虑下列因素。请您按"1"非常不同意，"2"不同意，"3"没意见，"4"同意，"5"非常同意来表示	非常不同意	不同意	没意见	同意	非常同意
1	政府设立的创新投资基金为企业提供了直接的技术创新资金支持	1	2	3	4	5
2	政府推出了与企业技术创新活动相关的税收减免政策	1	2	3	4	5
3	政府积极建设技术创新相关的市场环境	1	2	3	4	5
4	政府及央行对于资金政策调控，增加了技术创新融资渠道，降低了技术创新的资金成本	1	2	3	4	5
5	企业所属行业有完善的专利制度和专利保护政策	1	2	3	4	5
6	企业技术创新必需的原材料、零（部）件达到技术创新要求	1	2	3	4	5
7	原材料、零（部）件使用的成本可为技术创新企业所接受	1	2	3	4	5
8	企业技术创新所需设备应达到足够技术水平	1	2	3	4	5
9	设备使用成本为技术创新企业所接受	1	2	3	4	5
10	企业技术创新所依托的模块体系达到标准化、通用化的水平	1	2	3	4	5
11	消费者（客户）对技术创新产品使用并不需要革命性、推倒性的学习	1	2	3	4	5
12	企业的技术创新产品使用，还需购买除该产品外的其他配件和额外费用	1	2	3	4	5
13	行业内已经有企业获得同类技术产品，会影响本技术创新企业创新收益	1	2	3	4	5
14	有其他企业也在从事同类型的技术创新，那么本企业会减少此项技术创新投入	1	2	3	4	5
15	如果行业存在高进入壁垒，会延缓创新开始时间	1	2	3	4	5

续表

序号	企业在选择何时进行技术创新时，是否会考虑下列因素。请您按"1"非常不同意，"2"不同意，"3"没意见，"4"同意，"5"非常同意来表示	非常不同意	不同意	没意见	同意	非常同意
16	如果是新进入行业，进入壁垒适中，愿意通过技术创新来打破进入壁垒	1	2	3	4	5
17	如果行业进入壁垒适中，在位企业愿意通过技术创新巩固市场地位，获得新增收益	1	2	3	4	5
18	如果行业进入壁垒较低，市场竞争过于激烈，企业很难获得创新收益	1	2	3	4	5
19	如果行业进入壁垒较低，技术创新成果容易被模仿	1	2	3	4	5
20	技术创新产品的需求量是否足够大	1	2	3	4	5
21	能够获得技术专利的技术项目是企业技术创新的首选项目	1	2	3	4	5
22	能够成为产业技术标准的技术项目是企业技术创新的首选项目	1	2	3	4	5
23	企业有明确的技术战略规划会适时选择技术创新	1	2	3	4	5
24	技术战略的制定对技术创新整个过程，包括调研、研发、生产、产品推出、营销、获得市场认可、取得经济效益整个过程都有详细和专业的指导	1	2	3	4	5
25	企业研发部门有强大的技术搜索系统，能搜索并发现技术契机	1	2	3	4	5
26	经常在同行业中引领技术创新的企业总是不断进行技术创新	1	2	3	4	5
27	企业内部有可供技术人员和员工分享技术经验的平台，有利于提升技术人员技术实力	1	2	3	4	5
28	企业的技术人员特别是核心技术人员在三年内一直在企业服务，有利于积累创新能力	1	2	3	4	5
29	企业对于研发部门的支持力度是创新能力积累的主要方面	1	2	3	4	5
30	企业对于技术创新产品推出市场具有很强的定价能力	1	2	3	4	5
31	企业营销部门有专门的市场调研部门更能获取准确的技术市场信息	1	2	3	4	5
32	企业在行业内具有较好的口碑，同时消费者（客户）对企业产品一直很满意	1	2	3	4	5

续表

序号	企业在选择何时进行技术创新时，是否会考虑下列因素。请您按"1"非常不同意，"2"不同意，"3"没意见，"4"同意，"5"非常同意来表示	非常不同意	不同意	没意见	同意	非常同意
33	企业在创新产品销售方面有丰富经验	1	2	3	4	5
34	企业有多种渠道模式销售技术创新产品	1	2	3	4	5
35	企业具有稳定的技术创新产品用户	1	2	3	4	5
36	企业管理者具有创新精神	1	2	3	4	5
37	企业管理者有过从事风险性工作的经历	1	2	3	4	5

第三部分

选择题（请根据贵企业实际状况，在以下4种情况中选择1种)

您的企业属于　　　　1　　　2　　　3　　　4

1. 贵企业有成功的技术创新产品案例

2. 贵企业有技术创新产品案例，但没有成功

3. 目前贵企业正在从事一项（或多项）技术创新

4. 目前贵企业有意向近期从事技术创新

再次感谢您对本书工作的支持！

如您对本书成果感兴趣，请留下您的联系方式。

姓名：　　　　　　　　　　　电话：

工作单位：　　　　　　　　　邮件：

参考文献

[1] Acha, V., Gann, D. M. 2005. Episodic Innovation: R&D Strategies for Project-Based Environments. Industry & Innovation, 12 (2): 255–281.

[2] Alvarez, S. A., Barney, J. B. 2007. Discovery and Creation: Alternative Theories of Entrepreneurial Action. Ohio State Fisher College Center for Entrepreneurship. Working Paper Series: 1–46.

[3] Ardichvili, A., Cardozo, R., Ray, S. 2003. A Theory of Entrepreneurial Opportunity Identification and Development. Journal of Business Venturing, 18 (1): 105–123.

[4] Arrow, K. 1962. Economic Welfare and the Allocation of Resources for Invention. Princeton: Princeton University Press.

[5] Bain, J. 1956. Barrirers to New Competition. Cambridge: Harvard University Press.

[6] Barney, J. 1991. Firm Resources and Sustained Competitive Advantage. Journal of Management, 17 (1): 99–120.

[7] Bass, F. 1969. A New Produet Growth Model for Consumer Durables. Management Science, 15 (5): 215–221.

[8] Bond, R., Lean, D. 1977. Sales Promotion and Produer Differentiation in Two Prescription Drug Markers. Washington, D. C.: Federal Trade Commission.

[9] Boulding, W., Christen, M. 2003. Sustainable Pioneering Advantage? Marketing Science, 22 (3): 371-392.

[10] Brown, P., Lattin, J. 1990. The Effect as a Source of Pioneering Advantage? Marketing Science, 22 (3): 371-392.

[11] Burgelman, R. A. 1994. Fading Memories: A Process Theory of Strategic Business Exit in Dynamic Environments. Administrative Science Quarterly, 39.

[12] Carpenter, G., Kent, N. 1990. Competitve Strategies for Late Entry Into a Market with a Dmominant Brand. Management Science, 36 (10): 1268-1278.

[13] Caves, R. E., Masu, U. 1976. Industrial Organization in Japan. Washington, D. C.: The Brooking Institution.

[14] Chang-Yang, L. 2002. Industry R&D Intensity Distributions: Regularities and Underlying Determinants. Journal of Evolutionary Economics, 12 (3): 307-341.

[15] Chang-Yang, L. 2003. Firm Density and Industry R&D Intensity: Theory and Evidence. Review of Industrial Organization, 22 (2): 139-158.

[16] Christensen, C. M. 1997. The Innovator's Dilemma: When New Technologies Cause Great Firms to Fail. NewYork: Harvard Business Press.

[17] Churchill, J., Gilbert, A. 1979. A Paradigm for Developing Better Measures of Marketing Constructs. Journal of Marketing Research, 16.

[18] Cohen, W. M., Klepper, S. 1992. The Anatomy of Industry R&D Intensity Distributions. American Economic Review, (82): 773-788.

[19] Cormican, K., Sullivan, D. 2004. Auditing Best Practice for Effective Product Innovation Management. Technovation: 819-829.

[20] DeHayes, D., Haeberle, W. 1990. University Alumni Small Business

Research Program: A Study of Emerging Businesses, Centre for Entrepreneurship and Innovation. Bloomington: Indiana University.

[21] Dong, G., Kirschl, J. 2005. Antecedents of Knowledge Transfer From Consultants to Clients in Enterp Rise System Implementations. MIS Quarterly, 29 (1): 59-87.

[22] Driva, H., Pawar, K., Menon, U. 2000. Measuring Product Development Performance in Manufacturing Organizations. International Journal of Production economics, (63): 147-159.

[23] Fauchart, E., Keilbach, M. 2009. Testing a Model of Exploration and Exploitation as Innovation Strategies. Small Business Economies, 33 (3): 257-272.

[24] Foss, K., Foss, N. 2008. Understanding Opportunity Discovery and Sustainable Advantage: The Role of Transaction Costs and Property Rights. Strategic Entrepreneurship Journal, (2): 191-207.

[25] Francis, J., Smith, A. 1995. Agency Costs and Innovation: Some Empirical Evidence. Journal of Accounting and Economics, 9 (3): 383-409.

[26] Galbraith, J. K. 1952. American Capitalism: The Concept of Countervailing Power. Boston: Houghton-Mifflin.

[27] Ghosh, B., Kwan, W. 1996. An Analysis of Key Success Factors of Smes: A Cross National Study of Singapore/Malaysia and Aust Ralia/New Zealand. in the Proceedings of Selected Papers.

[28] Ghosh, B., Liang, T. 2001. The Key Success Factors, Distinctive Capabilities, and Strategic T Hrust S of Top Smes in Singapore. Journal of Business Research, 51 (3): 209-221.

[29] Gilbert, Richard, Carl, S. 1990. Optimal Patent Length and Breadth. RAND Journal of Economics, (21): 106-112.

[30] Globerman, S. 1973. Market Structure and R&D in Canadian Manufacturing Industries. Quarterly Review of Economics and Business, (13): 59–67.

[31] Golder, P. N., Tellis, G. J. 1993. Pioneer Advantege: Marketing Logic Or Marketing Legend? Journal of Marketing Research, (30): 158–170.

[32] Griffin, A., Page, A. 1993. An Interim Report On Measuring Product Development Performance in Manufacturing Organizations. Journal of Product Innovation Management, (10): 291–308.

[33] Hamberg, D. 1966. R&D: Essays On the Economics of R&D. New York: Randon House.

[34] Hauser, J. R., Urban, G. L. 1993. How Consumers Allocate their Time When Searching for Information. Journal of Marketing Research, 30 (4): 452–466.

[35] Herbig, P., Dunphy, S. 1998. Culture and Innovation. Cross Cultural Management, 5 (4): 12–31.

[36] Hewitt-Dundas, N. 2006. Resource and Capability Const Raint S to Innovation in Small and Large Plant S. Small Business Economics, 26 (3): 258–277.

[37] Hofer, C. W., Schendel, D. 1978. Strategy Formulation: Analytical Concepts. West Pub.

[38] Hoffman, R., Hegarty, H. 1993. Top Management Influence On Innovations: Effects of Executive Characteristics and Social Culture. Journal of Management, (17): 549–574.

[39] Holmen, M., Magnusson, M., Mckelvey, M. 2007. What are Innovative Opportunities. Industry and Innovation, 14 (1): 27–45.

[40] Hu, A. 2001. Ownership, Goverment R&D, Private R&D, and Productivity in Chiinese Industry. Journal of Comparative Economics, 29 (1): 137–

157.

[41] Huber, G. 1991. Organizational Learning: The Cont Ributing Processes and a Review of the Literatures. Organization Science, (2): 88–115.

[42] Jamal, S., Corey, P., Jerome, K. 2004. Better Late than Never: A Study of Late Entrants in Household Electrical Equipment. Strategic Management Journal, (25): 69–84.

[43] Jefferson, G. H. 2006. R&D Performance in Chinese Industry. Economics of Innovation and New Technology, (15): 345–366.

[44] Jensen, M., Meckling, W. 1976. Theory of the Firm: Managerial Behavior, Agency Costs, and Ownership Structure. Journal of Financial Economics, (3): 305–360.

[45] John, L. E. 1962. Invention and Innovation in the Petroleum Refining Industry'. Universities-National Bureau.

[46] Kamien, M. I., Schwartz, N. L. 1991. Dynamic Optimization: The Calculus of Variations and Optimal Control in Economics and Management.

[47] Kamien, M., Schwartz, N. 1982. Market Structure and Innovation. Cambridge: Cambridge University Press.

[48] Kap Lan, A. D. 1954. Big Enterprise in a Competitive System. Washington, D. C.

[49] Kaplan, R., Norton, P. 1992. The Balanced Scorecard-Measures that Drive Performance. Harvard Business Review, (1–2): 71–79.

[50] Katila, R., Ahuja, G. 2002. Something Old, Something New: A Longitudinal Study of Search Behavior and New Product Introduction. Academy of Search Behavior and New Product Introduction, 45 (6): 1183–1194.

[51] Kerin, Roger, A., Rajan, V. 1992. First-Mover Advantage: A Synthesis, Conceptual Framework, and Research Proposition. Journal of Market-

ing, 56 (10): 33-52.

[52] Kim, Y., Song, K., Lee, J. 1993. Determinant S of Technological Innovation in the Small Firms of Korea. R&D management, 23 (3): 215-226.

[53] Lall, S. 1992. Technological Capabilities and Industrialization. World Development, (20): 165-187.

[54] Lederman, D., Maloney, W. 2003. R&D and Development. World Bank Policy Research Working Paper, 3024.

[55] Lee, P. M., O Neil, H. M. 2003. Ownership Structures and R&D Investments of U. S. And Japanese Firms: Agency and Stewardship Perspectives. Academy of Management Journal, 46 (2): 212-225.

[56] Leonard, B. 1992. Core Capabilities and Core Rigidities: A Paradox in New Product Development. Strategic Management Journal, 13 (Summer): 111-126.

[57] Levitt, B., March, B. 1988. Organizational Leaning. Annual Review of Sociology, 14.

[58] Lichtenberg, F. R. 1987. The Effect of Goverment Funding On Private Industrial Research and Development: A Re-Assessment. The Journal of Industral Economics, (36): 97-104.

[59] Lieberman, M. B., Montgomery, D. B. 1988. First Mover Advantages. Strategic Management Journal, (9): 41-58.

[60] Lieberman, M. B., Montgomery, D. B. 1990. To Pioneer Or Follow? Strategy of Entry of Order. Handbook of Business Strategies.

[61] Link, A. N. 1982. An Analysis of Composition of R&D Spending. Southern Journal of Economics, (4): 342-349.

[62] Louise, A., Elieen, M., May, G. 2001. Development of a Technology Readiness Assessment Measure: The Cloverleaf Mode of Technology Trans-

fer. Journal of Technology Transfer, 26.

[63] Maidique, M. A., Hayes, R. H. 1984. The Art of High-Technology Management. Management of Technology and Innovation, 1.

[64] Mansf, I. 1985. How Rap Idly Does New Industrial Technology Leak Out? Journal of Industrial Economics, 34 (2): 217-223.

[65] Nakahara, T. 1997. Innovation in a Borderless World Economy. Research-Technology Management, 40 (3): 7-9.

[66] Nelson, R. R., Winter, S. G. 1982. An Evolutionary Theory of Economic Change. Cambridge: Belknap Press of Harvard University Press.

[67] Nordhaus, W. D. 1969. Invention, Growth and Welfare: A Theoretical Treatment of Technological Change. Mass: Cambridge.

[68] Ordover, J. A. 1991. A Patent System for Both Diffusion and Exclusion. The Journal of Economic Perspective, 5 (1): 43-60.

[69] O'Regan, N., Ghobadian, A., Sims, M. 2006. Fast T Racking Innovation in Manufacturing Smes. Technovation, 26 (2): 251-261.

[70] Pavitt, K. 1998. Technologies, Product S and Organization in the Innovating Firm: What Adam Smith Tells Us and Joseph Schumpeter Doesn'T. Industrial and Corporate Change, 7 (3): 433-455.

[71] Porter, M. E. 1980. Comppetitive Strategy. New York: Free Press.

[72] Prahalad, C. K., Hamel, G. 1990. The Core Competence of the Corporation. Harvard Business Review, 68 (3): 79-91.

[73] Ransley, D. L., Roges, J. L. 1998. A Consensus On Best R&D Practices. Research Technology Management, (3-4): 19-26.

[74] Rieck, R., Dickson, K. 1993. A Model of Technology Strategy. Technology Analysis and Strategic Management, (5): 397-412.

[75] Robinson, Claes, F. 1985. Sources of Market Pioneer Advantages in

Consumer Goods Industries. Journal of Marketing Research, 22 (8): 305-317.

[76] Robinson, Fornell, C. 1985. Sources of Market Pioneer Advantages in Consumer Goods Industries. Journal of Marketing Research, 22 (8): 305-317.

[77] Roger, B., Radford, R. 2000. Powerful Products: Strategic Management of Successful New Product Development. AMACOM.

[78] Romer, P. M. 1986. Increasing Returns and Long-Run Growth. Journal of Political Economy, (94): 1002-1037.

[79] Scherer, F. M. 1965. Firm Size, Market Structure, Opportunity, and the Output of Patented Inventions. Canadian Journal of Economics and Political Science, 31 (2): 256-266.

[80] Scherer, F. M. 1972. Nordhausp Theory of Optimal Patent Life: A Geometric Reinterpretation. American Economic Review, (62): 422-427.

[81] Scherer, F. M. 1980. Industrial Market Structure and Economic Performance. Boston: Houghton-Mifflin.

[82] Schilling, M. A. 2004. Strategic Management of Technological Innovation. New South Wales: McGraw-Hill-Irwin.

[83] Schumpeter Sepha:《经济发展理论:对于利润、资本、信贷、利息和经济周期的考察》,何畏等译,商务印书馆 2000 年版。

[84] Schumpeter, J. A. 1942. Capitalism, Socialism and Democracy. London: Unwin.

[85] Sergei, S., Christian, T. 2003. Managing Demand and Sales Dynamics in New Product Diffusion Under Supply Constraint. Management Science, 48 (2): 187-206.

[86] Shane, S. A. 2000. Prior Knowledge and the Discovery of Entrepreneurial Opportunities. Orggnization Science, 11 (4): 449-469.

[87] Smallbone, D., North, D., Roper, S. 2003. Innovation and T He Use of Technology in Manufacturing Plant S and Smes: An Interregional Comparison. Environment and Planning. Government & policy, 21 (1): 37-52.

[88] Soete, L. 1979. Firm Size and Inventive Activity: The Evidence Reconsidered. European Economic Review, 12 (2): 314-340.

[89] Song, X., Neetly, S. 1996. Marketing R&D-Marketing Integration in the New Product Development Process. Industrial Marketing Management, 25.

[90] Steek, L. 1994. Evaluating the Technical Operation. Research Management, (9-10): 11-18.

[91] Szulanski, G. 2000. The P Rocess of Knowledge Transfer: A Diachronic Analysis of Stickiness. Organizational Behavior and Human Decision Process, 82 (1): 9-27.

[92] Teece, D. 1977. Technology Transfer by Multinational Firms: The Resource Cost of Transferring Technological Know-How. The Economic Journal, (87): 242-261.

[93] Tihanyi, L., Roath, A. 2002. Technology Transfer and Institutional Development in Central and Eastern Europe. Journal of World Business, (3): 188-198.

[94] Timmons, J. 1999. New Venture Creation: Entrepreneurship for the 21St Century. New York: McGraw-Hill.

[95] Ulrich, K. T., Eppinger, S. D. 1999. Product Design and Development. Boston: McGraw Hill.

[96] Van De Ven, A. H. 1979. Review of Howard E. Aldrich'S Organizations and Environment. Administrative Science Quarterly, 24 (2): 320-325.

[97] Vickery, S., Droge, C., Germain, R. 1999. The Relationship Between Product Customization and Organizational. Journal of Operations Management, 17

(4): 377-391.

[98] Vorhies, D., Harker, M. 2000. The Capabilities and Performance Advantages of Market Driven Firms: An Empirical Investigation. Australian Journal of Management, 25.

[99] Weerawardena, J. 2003. The Role of Marketing Capability in Innovation- Based Competitive Strategy. Journal of Strategic Marketing, 11.

[100] Wernerfelt, B. 1984. A Resource Based View of the Firm. Strategic Management Journal, 5 (2): 171-180.

[101] Wilson, D. 2003. Are Running Out of New Ideas? A Look at Parent and R&D. FRBSF Economic Letter, (9): 1-3.

[102] Worley, J. S. 1961. Industrial Research and the New Competition. The Journal of Political Economy, 69 (2).

[103] Wu, J. F, Tu, R. T. 2008. Ceo Stock Option Pay and R&D Spending: A Behavioral Agency Explanation. Journal of Business Research, 60 (5): 482-492.

[104] Zahra, S. A. 2008. The Virtuous Cycle of Discovery and Creation of Entrepreneurial Opportunities. Strategic Entrepreneurship Journal, (2): 243-257.

[105] ZAHRA, S. A., DAS, S. R. 1993. Innovation Strategy and Financial Performance in Manufacturing Companies: An Empirical Study. Production and Operations Management, (2): 15-37.

[106] Zhao, M. Y. 2006. Conducing R&D in Countries with Weak Intellectual Property Rights Protection. Management Science, 52 (8): 1185-1200.

[107] 安同良、施浩、Ludovico Alcorta:《中国制造业企业 R&D 行为模式的观测与实证——基于江苏省制造业企业问卷调查的实证分析》,《经济研究》, 2006 年第 2 期。

[108] 别华荣:《基于技术体制的企业技术战略与创新绩效关系研究》,

浙江大学硕士学位论文，2009年。

[109] 陈劲、陈钰芬：《企业技术创新绩效评价指标体系研究》，《科学学与科学技术管理》，2006年第3期。

[110] 陈锟、于建原：《营销能力对企业创新影响的正负效应兼及对Christensen悖论的实证与解释》，《营销科学学报》，2009年第2期。

[111] 程艳霞、解鸣：《复杂竞争环境下机会的挖掘》，《武汉理工大学学报·信息与管理工程版》，2004年第5期。

[112] 程源、傅家骥：《企业技术战略的理论构架和内涵》，《科研管理》，2002年第5期。

[113] 迟宝旭：《中国企业技术创新成功的环境条件分析》，《税务与经济》，2004年第5期。

[114] 杜跃平、王开盛：《创新文化与技术创新》，《中国软科学》，2007年第2期。

[115] 范爱军、刘云英：《我国高技术产业技术创新影响因素的定量分析》，《经济与管理研究》，2006年第10期。

[116] 菲利普·科特勒：《市场营销管理：亚洲版·第二版》，中国人民大学出版社2001年版。

[117] 冯根福、温军：《中国上市公司治理与企业技术创新关系的实证分析》，《中国工业经济》，2008年第7期。

[118] 冯鹏志：《技术创新社会行动系统论》，中国言实出版社，2000年。

[119] 傅家骥：《技术创新学》，清华大学出版社1998年版。

[120] 高建、傅家骥：《中国企业技术创新的关键问题》，《中外科技政策与管理》，1996年第1期。

[121] 高建、汪剑飞、魏平：《企业技术创新绩效指标：现状、问题和新概念模型》，《科研管理》，2004年第S1期。

[122] 高良谋、李宇：《企业规模与技术创新倒U关系的形成机制与动

态拓展》,《管理世界》,2009年第8期。

[123] 郝生宾、于渤:《技术战略对企业自主创新作用路径的实证研究》,《研究与发展管理》,2009年第3期。

[124] 贺素琴:《浅析科技发展趋势及给企业技术创新带来的机遇和挑战》,《甘肃科技》,2004年第3期。

[125] 洪勇、苏敬勤:《发展中国家核心产业链与核心技术链的协同发展研究》,《中国工业经济》,2007年第6期。

[126] 胡慧芳:《探索技术管理的并行工程——基于技术创新、专利和技术标准三者关系的研究》,《福建论坛(人文社会科学版)》,2010年第7期。

[127] 黄元生:《技术创新社会动因的经济分析》,华北电力大学博士学位论文,2005年。

[128] 纪玉山等:《现代技术创新经济学》,长春出版社,2001年。

[129] 姜黎辉、张朋柱、彭诗金:《技术机会识别能力与企业网络合作能力关系研究》,《科技进步与对策》,2006年第7期。

[130] 李柏洲、苏屹:《政府行为对企业原始创新的影响研究》,《科技管理研究》,2009年第11期。

[131] 李保明:《技术机会与技术创新的决策》,《科学管理研究》,1990年第5期。

[132] 李长青、李术丹:《演化经济学的演化与企业技术创新分析的新思路》,《经济问题探索》,2006年第10期。

[133] 李平、于雷:《我国制造业产业进入壁垒分析》,《经济与管理研究》,2007年第11期。

[134] 李晓钟、张小蒂:《外商直接投资对我国技术创新能力影响及地区差异分析》,《中国工业经济》,2008年第9期。

[135] 李媛:《企业技术创新的多层次分析》,东北大学博士学位论文,2005年。

[136] 厉以平、蔡磊：《西方世界的兴起》（中译本），华夏出版社1999年版。

[137] 连燕华：《试论企业是技术创新的主体》，《科学管理研究》，1994年第5期。

[138] 刘冰、陈治亚：《基于产业链理论的国家技术创新项目经济影响后评价研究》，《科学学与科学技术管理》，2007年第6期。

[139] 刘国新、万君康：《市场结构对技术创新的影响分析》，《管理工程学报》，1997年。

[140] 刘立：《企业R&D投入的影响因素——基于资源观的理论分析》，《中国科技论坛》，2003年第6期。

[141] 刘鹏、旷毓君、匡兴华：《企业、市场与技术创新研究述评》，《科学学研究》，2006年第S2期。

[142] 柳琦、丁云龙：《产业集群的技术成因分析》，《中国科技论坛》，2005年。

[143] 柳卸林、冯之浚：《创新与环境友好型社会：挑战与机遇》，科学出版社2009年版。

[144] 罗党论、刘晓龙：《政治关系、进入壁垒与企业绩效——来自中国民营上市公司的经验证据》，《管理世界》，2009年第5期。

[145] 马富萍：《高管持股与技术创新的相关性研究：基于文献综述》，《科技管理研究》，2009年第11期。

[146] 毛荐其：《全球技术链的一个初步分析》，《科研管理》，2007年第6期。

[147] 沈必扬、王晓：《基于吸纳能力、技术机遇和知识溢出的企业创新绩效分析》，《科技进步与决策》，2006年第4期。

[148] 沈达明、冯大同：《技术转让与工业产权》，《国际贸易问题》，1980年。

[149] 疏礼兵：《技术创新视角下企业 R&D 团队内部知识转移影响因素的实证分析》，《科学学与科学技术管理》，2007 年第 7 期。

[150] 宋小保、刘星：《股东冲突对技术创新投资选择的影响分析》，《管理科学》，2007 年第 1 期。

[151] 苏敬勤、崔淼：《核心技术创新与管理创新的适配演化》，《管理科学》，2010 年第 1 期。

[152] 孙健、薛永玲、韩广智等：《阻碍中小企业技术创新的因素分析——青岛市中小企业创新状况问卷调查分析》，《山东经济》，2001 年第 72-74 期。

[153] 孙丽：《企业机会资源管理研究》，中国海洋大学硕士学位论文，2009 年。

[154] 唐清泉、卢珊珊：《企业成为创新主体与 R&D 补贴的政府角色定位》，《中国软科学》，2008 年第 6 期。

[155] 童光荣、高杰：《中国政府 R&D 支出对企业 R&D 支出诱导效应及其时滞分析》，《中国科技论坛》，2004 年第 4 期。

[156] 汪伟、史晋川：《进入壁垒与民营企业的成长——吉利集团案例研究》，《管理世界》，2005 年第 4 期。

[157] 王发明、毛荐其：《基于全球技术链的我国产业技术安全研究》，《经济与管理研究》，2009 年第 10 期。

[158] 王国进、王其藩：《企业技术创新能力评价研究的新进展》，《科技导报》，2004 年第 2 期。

[159] 王青云、饶扬德：《企业技术创新绩效的层次灰色综合评判模型》，《数量经济技术经济研究》，2004 年第 5 期。

[160] 魏江、冯军政：《企业知识搜索模式及其对企业技术创新的影响研究》，《科学管理研究》，2009 年第 6 期。

[161] 魏梅：《中国制造企业技术创新及其路径研究》，西北农林科技大

学博士学位论文，2006年。

[162] 文玫：《民营化（私有化）的理论与实证分析》，商务印书馆2002年版。

[163] 吴贵生、谢伟：《我国技术管理学科发展的战略思考》，《科研管理》，2005年第11期。

[164] 吴伟伟、朱彬：《企业技术管理体系构建研究》，《软科学》，2006年第3期。

[165] 吴延兵：《市场结构、产权结构与R&D：中国制造业的实证分析》，《统计研究》，2007年第5期。

[166] 吴延兵：《中国工业R&D投入的影响因素》，《产业经济研究》，2009年第6期。

[167] 谢洪明、王成、李新春等：《技术创新软性影响因素的实证研究》，《科学学研究》，2007年第5期。

[168] 徐肇翔：《浪潮中一些国家的技术发展战略》，《科学学研究》，1984年。

[169] 许庆瑞：《全面创新管理——理论与实践》，科学出版社2007年版。

[170] 许治、师萍：《政府科技投入对企业R&D支出影响的实证分析》，《研究与发展管理》，2005年第3期。

[171] 杨静、宝贡敏：《技术创新影响因素的实证分析——基于浙江典型地区民营企业的调查》，《科技进步与对策》，2009年第10期。

[172] 杨勇、达庆利：《不对称双寡头企业技术创新投资决策研究》，《中国管理科学》，2005年第4期。

[173] 姚红义：《青海中小企业技术创新实证分析》，《青海社会科学》，2006年第5期。

[174] 易永锡：《影响企业技术创新的因素及激励策略分析》，《宁波职业技术学院学报》，2009年第4期。

[175] 尹建海、杨建华：《基于加强型平衡记分法的企业技术创新绩效评价指标体系研究》，《科研管理》，2008年第1期。

[176] 于骥：《治理结构与企业技术创新的耦合性研究》，《求是学刊》，2008年第3期。

[177] 于建原、陈锟、李清政：《营销能力对企业自主创新影响研究》，《中国工业经济》，2007年第7期。

[178] 远德玉：《产业技术界说》，《东北大学学报（社会科学版）》，2000年第1期。

[179] 张青：《浅析金融创新的内在机理与对策——基于演化博弈的动态分析》，《生产力研究》，2009年第21期。

[180] 张思磊、施建军：《企业技术创新评价体系：文献综述及概念框架》，《科技进步与对策》，2010年第2期。

[181] 张妍：《从技术机会的观点看技术创新过程》，《开发研究》，2009年第5期。

[182] 张妍、李兆友：《国内技术机会研究：现状、困境及未来走向》，《东北大学学报（社会科学版）》，2007年第4期。

[183] 赵洪江、陈学华、夏晖：《公司自主创新投入与治理结构特征实证研究》，《中国软科学》，2008年第3期。

[184] 赵顺龙、吴思静：《企业R&D人员间知识转移过程对技术创新的影响机理分析》，《科技管理研究》，2009年第11期。

[185] 郑绪涛、柳剑平：《促进R&D活动的税收和补贴政策工具的有效搭配》，《产业经济研究》，2008年第1期。

[186] 仲伟俊、梅姝娥：《企业技术创新管理理论与方法》，科学出版社2009年版。

[187] 左勇：《政府科技激励政策对企业R&D投入的影响研究》，大连理工学院硕士学位论文，2008年。